PROPOS SUR
L'ART D'AUJOURD'HUI

Catherine Strumeyer & Philippe Guedj

Graphisme : Eve Billa
Fabrication : Elisabetta Cavallo

Éditions l'Art-Dit
4-6 rue de la Roquette – Hôtel Divonne
13200 Arles
www.editions-lart-dit.fr

ISBN : 978-2-919221-26-4

La collection *Papotages entre amis autour d'une œuvre* est née en 2010 dans le cadre de l'exposition hommage à Ben Ami Koller en octobre 2009. Olivier de Sagazan et Robert Pujade ont donné une conférence inscrite au programme du colloque « Violence ? Parlons-en, Parlons-nous ! État des lieux des discours et des pratiques » organisé par l'association Écho-Arles. La richesse des propos, l'intérêt du public et les ouvertures proposées au cours du débat, nous ont incités à publier le texte intégral de cette conférence auquel nous avons ajouté les visuels des œuvres citées en référence. Ce livre, au format de poche, s'adresse aux étudiants (histoire de l'art, art, philosophie, sciences humaines...), aux amateurs d'art et à ceux que la violence questionne. Ainsi sont nés les *Papotages entre amis autour d'une œuvre.*

D'autres conférences ont suivi sur le lieu d'autres expositions. Le principe reste le même : confronter des points de vue différents sur un même sujet, en s'appuyant sur l'œuvre d'un ou plusieurs artistes. Les conférenciers sont des spécialistes reconnus chacun dans leur domaine, qui acceptent de s'aventurer en terrain inconnu, à la frontière de plusieurs disciplines, là où le regard peut s'élargir et éclairer les lecteurs.

La collection *Papotages entre amis autour d'une œuvre* a été créée avec une visée pédagogique et éducative. Elle a pour but de diffuser et promouvoir ces conférences avec des ouvrages didactiques, relativement pointus mais conçus de façon à toucher un public large, y compris parmi les néophytes...

Désapprendre ! C'est bien de cela dont il s'agit sans-doute en partie. Mais n'est-ce pas le chemin obligé vers la réalisation de soi et la découverte, dans tous les domaines ? N'a-t-il pas fallu que les génies fassent parfois fi de ce qu'ils avaient appris pour faire voler des avions, inventer le téléphone ou les sous-marins ? Ma difficulté à appréhender une grande partie de la création contemporaine est liée au sentiment que nombre d'artistes d'aujourd'hui n'ont pas appris et n'ont rien à désapprendre, rien à dépasser ! J'ai très souvent l'impression qu'ils partent aussi innocents que je le suis, avec pour seul bagage l'envie d'être artiste, la détermination et la foi en eux-mêmes. Comme si la créativité ne pouvait s'accorder d'un minimum de savoir et de savoir-faire.
La personnalité de l'artiste semble de plus en plus faire office de talent. Elle permet d'interpeller, de séduire les découvreurs de talent, les critiques, les spéculateurs. Et si talent il y a, sa reconnaissance passe par la capacité de l'artiste à se faire remarquer.
Les métiers de la médiation artistique, de plus en plus nombreux, sont devenus indispensables aux artistes qui veulent vivre de leur art. Ils donnent la visibilité indispensable pour être repérés.
Où se situe l'œuvre dans tout cela ? Quelle est-elle ? Est-elle vraiment la production de l'artiste ou celle d'une société de professionnels éclairés qui dicte implicitement sa commande à travers ce qu'elle valorise et ce qu'elle renie ?
On voit se multiplier les expositions d'œuvres difficiles, voire impossibles à vendre, des installations éphémères

je veux juste me faire une idée et être capable d'apprécier ou de rejeter à bon escient. Si bon escient il y a. Tout de même, je dois relativiser mon incompétence et préciser les régions où je me sens mal à l'aise, celles où je souhaite que tu me décrives ce que tu vois, ce que tu entends, ce que tu comprends. En somme, que tu te fasses l'interprète d'un langage que je ne saisis pas.
Ce paysage est celui des installations qui mettent en scène les objets du quotidien ou des réalisations faites, pour un béotien comme moi, de *bric et de broc* avec des matériaux variés, souvent récupérés. Des installations qui me semblent être des énigmes, des rébus, ou tout simplement une manière d'occuper l'espace, comme ça, pour occuper l'espace.

J'exagère ! Je sais qu'il ne s'agit pas de faire n'importe quoi, juste pour occuper un espace, et par-là se montrer. J'imagine que tout, depuis le choix du matériau, la composition, le rapport à l'environnement, la mise en scène, est pensé, réfléchi. Mûrement réfléchi. Si l'art s'adresse aux sens, se fonde sur les émotions, il convoque aussi l'intellect et nécessite de désapprendre tout ce que l'on ingurgite enfant et en formation pour aller au-delà, dans de nouvelles formes. « Il faut se rendre compte que désormais tout ce que nous allons faire ne doit pas se borner à un simple fait artistique, tout doit prendre l'importance d'un message que nous adressons à d'autres hommes [non tant d'ailleurs que nous], ce qui nous donne de très grandes responsabilités », écrit Joan Miro à Aimé Maeght en 1953.

PROPOS SUR
L'ART D'AUJOURD'HUI

L'
ART
-DIT

Arles, le 8 janvier 2012

Cher Philippe,

C'est une singulière démarche que j'engage auprès de toi. Te solliciter pour échanger sur l'art contemporain, toi le psychanalyste, amateur d'art certes, mais psychanalyste tout de même, et point du tout historien ou critique d'art. Mais je te sais libre d'esprit, avec une pensée curieuse et autonome, et particulièrement féru d'art. C'est tout ce que je cherche pour guider ma réflexion plutôt que pour orienter mes appréciations.

Je ne découvre pas l'art et le monde de l'art, mais je me suis jusque-là montrée très sélective, évitant ce qui me déplaisait ou me rebutait, négligeant ce qui ne m'interpellait pas directement. Et je réalise que, pour peu que je prenne la peine de regarder, que je me donne le temps d'apprivoiser non pas les œuvres, mais mes sens, je commence à apprécier des créations qui me laissaient jusqu'à présent indifférente. Comme une enfant qui refusait de goûter différentes saveurs, je consommais du doux, du sucré que je confrontais de temps en temps au salé, rarement à l'amer, sans jamais risquer l'acide, l'âcre, le piquant, le râpeux.

Alors je goûte, je teste, je compare… et je reviens au doux, au sucré que j'atténue avec de l'amer, que je relève avec du piquant. Mais dans tout ce qui nous est proposé en matière d'art, je trouve qu'il y a beaucoup de productions insipides, violemment piquantes ou écœurantes. Peut-être ne les ai-je pas bien goûtées !

Je me souviens d'une exposition qui m'avait laissée indifférente et dont tu étais revenu enchanté. Tu n'étais d'ailleurs pas le seul séduit par les installations proposées. Et je me suis trouvée aussi stupide qu'une enfant qui voit une tablée se délecter d'un mets qu'elle a tâté du bout des lèvres, sans chercher à éprouver la saveur et qui refuse obstinément de manger, se privant peut-être d'un plaisir, ou tout au moins d'une connaissance.
Et puis, je me suis décidée à aller voir d'autres expositions qui *a priori* ne m'attiraient pas vraiment, en me disant que, lorsqu'on veut apprendre une langue, le mieux est de s'y confronter en visitant le pays. Je pense en avoir saisi quelques bribes, mais il est probable que j'ai reconnu des sons et des intonations que j'ai confondus avec le langage qui m'est familier.

Que ce soit sa langue ou ses saveurs, le pays de l'art contemporain reste mystérieux pour moi. Je cherche donc un guide. Pas un guide professionnel qui va me montrer ce qu'il est de bon ton de connaître, ou qui va m'abrutir avec des notions tellement spécialisées que je ne vais rien retenir, rien comprendre. Je ne cherche pas l'expertise, dépendantes des lieux, des œuvres fragiles et volumineuses qui finissent dans des réserves mais qui ont coûté des sommes folles aux collectivités. Cet art aurait-il ainsi pu se développer s'il n'y avait pas eu la politique de soutien qu'a initiée Jack Lang ? L'octroi de ces budgets à utiliser n'a-t-il pas entraîné des dérives sous prétexte d'innovation ou de promotion ?

Il m'a fallu bien des déceptions et quelques interrogations avant que je n'ose émettre un avis sur l'art contemporain, un avis critique qui ne soit pas louange. Il a fallu que j'ose, c'est bien cela, alors que paradoxalement nous vivons une époque où nous nous accordons à dire que l'art fait partie de la vie, que tout le monde peut être artiste… et chacun, par ce fait, peut être critique ! L'art, c'est la vie. C'est l'expression de la vie. Il devrait donc être accessible et compréhensible par tous, ou tout au moins toucher chacun en plaisir ou en déplaisir, en accostant le spectateur par ses émotions. Ce n'est pas aussi simple et l'on sait bien qu'une œuvre peut laisser insensible. En vertu de quoi, la créativité débordante de certains et leur imagination sans borne les conduisent à créer des œuvres qui ne peuvent assurément passer inaperçues et que j'ai longtemps cru être une des rares à ne pas comprendre et apprécier.

D'ailleurs est-ce de l'art ?
Je lisais récemment un article de Judith Housez dans la revue *Beaux Arts Magazine* de l'été 2011, où elle écrit que le *credo* de Dada est de « fuir toute référence à une quel-

conque esthétique, afin de révéler l'absurde de la représentation, d'anéantir toute vraisemblance ». Ils organisaient « de brefs spectacles destinés à inciter les bourgeois éclairés à s'analyser avec sévérité. Ils ne parviennent qu'à les faire hurler de rire ou de fureur. »

Beaucoup de créations contemporaines me laissent penser que les artistes d'aujourd'hui s'inscrivent dans la lignée de Dada et de Marcel Duchamp qui prétendaient faire du non-art. Marcel Duchamp a exposé au salon des Incohérents, fin XIXe, où les artistes présentaient *des œuvres pour rire*, que des critiques et des galeristes ont finalement pris au sérieux. Depuis, les *Ready-Made* donnent une place de choix aux matériaux de récupération pour faire des objets sans objet, et l'idée, le concept qui se substitue à l'objet pour un dialogue avec le « regardeur » devient aussi art, sans être objet d'art. Je peux admettre que les frontières de l'art se sont élargies pour explorer ce que Duchamp appelait le non-art, mais j'ai du mal à comprendre qu'on lui accorde autant de valeur aujourd'hui. Car j'assimile vraiment cette production contemporaine à du non-art. Dans l'introduction du livre *Faire voir. L'art à l'épreuve de ses médiations*, Nathalie Heinich écrit que « dans quasi tous les cas, on note la présence sous-jacente d'un schéma comme celui-ci : manifeste ou geste fondateur, œuvres initiales, importance d'un leader ou d'un groupe nucléaire… ».

J'émets sans complexe l'hypothèse que les artistes contemporains, encouragés par les critiques et les marchands,

suivent sérieusement une voie ouverte par Marcel Duchamp pour provoquer et se moquer. Il me semble qu'une analyse plus approfondie, mais aussi plus large de son œuvre apporterait des réponses à mes questions.
Marcel Duchamp conteste l'autorité académique et, à travers elle, la tyrannie de ceux qui détiennent le pouvoir, l'immobilisme qui les rassure mais ne fait pas avancer le monde. Il conteste dans un moment de grave crise mondiale, de remise en cause des valeurs et, en même temps, période de développement intense dans des domaines essentiels pour l'avenir (photographie et cinéma, aviation, essor de l'industrie avec le taylorisme...).
C'est aussi l'époque où le capitalisme s'attaque à l'art avec l'accroissement du commerce et la professionnalisation de la critique. Marcel Duchamp saisit les enjeux et manipule les critiques. Facile dans un monde qui bouge et s'ouvre à de nombreuses découvertes et nouveautés. Les critiques ont besoin de faire aussi des découvertes, de se promouvoir à travers les artistes qu'ils mettent en avant...
Il a une âme d'artiste, mais dit ne pas avoir de grand talent : utiliser les objets existants, les détourner de leur usage est une façon de créer. Et comment se faire remarquer s'il n'y a pas d'objet pour laisser trace de la création, ou quand l'objet n'est pas une création ? En proposant des objets ou des concepts qui se démarquent de tout ce qui est connu, qui choquent, qui font réagir. Ou qui trouvent des défenseurs qui vont parler pour eux, des critiques et des institutionnels en mal de reconnaissance. Tout l'art de Marcel Duchamp « a consisté à mobiliser les intermédiaires

pour faire en sorte que l'urinoir, le porte-bouteilles, la pelle à neige, soient traités comme œuvres par les spécialistes autorisés » écrit encore Natalie Heinich. Il est, aujourd'hui, suivi par des artistes en mal de reconnaissance propulsés dans le milieu par des critiques et des galeristes eux-mêmes en quête de notoriété. Mais je refuse, à ce stade de ma réflexion, d'admettre que les publics – et parmi eux, des gens intelligents et avertis – qui s'extasient devant ces non-œuvres qui sont pourtant de l'art, ne soient que des moutons bêlant parce qu'un chef de meute a donné le signal de bêler et d'admirer.

Une autre hypothèse me titille, formulée à la lecture d'une lettre de Chirico. Après que les artistes ont démontré à la fin du XIXe siècle, leur maîtrise technique avec des œuvres d'un réalisme tel qu'ils ne pouvaient faire ni plus ni mieux – je pense notamment à Caillebotte – il ne leur restait pour progresser qu'à explorer d'autres voies ouvertes par la psychanalyse, la philosophie, la physique quantique... alors que les progrès antérieurs ont été influencés par les mathématiques, la chimie, la physique, l'anatomie. Comme dans la vie de tous les jours où les progrès techniques ont montré les limites du bien-être matériel, invitant les hommes à évoluer sur le plan psychique, spirituel. Déconnecté de la notion d'esthétique, l'art est aujourd'hui concept, discipline intellectuelle, il questionne, renvoie, provoque... mais ne donne pas forcément à voir, à entendre ou à sentir du beau. Plus fort encore, l'art devient performance.

Ce n'est pas tant la perte de l'aspect esthétique (quoique, les critères changeant, et toutes formes contenant *a priori* une forme de beauté, on peut trouver belle la production actuelle) qui caractérise notre époque, que l'irruption d'œuvres ou de *non-œuvres* qui font appel à l'intellect avant d'interpeller les émotions.

La troisième hypothèse que j'émettrais est que la production artistique, reflet de la société dans laquelle elle prend source, met en exergue à l'aube de ce XXIe siècle le caractère individualiste, la primauté de l'individu qui tend à oublier ses racines, à vivre comme si le monde commençait avec lui, mais aussi l'aspect mercantile de notre société occidentale qui met le profit en tête des valeurs défendues. Le marché de l'art est bondé d'œuvres à la fois très personnelles et en même temps, sans réelles identités, objets reproductibles comme les fleurs et les animaux de Jeff Koons, ou provocantes comme celles de Cattelan. Il s'agit de surprendre, de se différencier, de faire parler de soi et de vendre. Vendre peu, mais cher. Et les polémiques récurrentes autour d'œuvres comme celles de Buren, au-delà du différend qu'elles nourrissent entre profanes et experts, témoignent de l'incompréhension d'un public qui attend des artistes, le respect d'un certain nombre de valeurs comme le respect de soi, l'amour du « beau », quoi que ce soit qu'on mette sous ce terme.

La crise du marché de l'art, la difficulté de nombreux galeristes pour maintenir leurs boutiques, mais aussi la foule nombreuse qui fréquente les grandes expositions, rétrospectives d'artistes des siècles passés me rassurent sur mon appréciation : les gens aiment l'art, un certain nombre est capable de faire de nombreux kilomètres pour une exposition, mais un art respectueux de son public, un art qui a subi avec succès les épreuves du temps qui le légitiment.

Il est rassurant de constater que des professionnels du monde de l'art, des critiques et des historiens tiennent des propos qui me confortent dans l'idée que trop souvent l'art contemporain produit n'importe quoi, que le marché et la spéculation influencent plus que le désir de la création... Mais en même temps, les artistes d'aujourd'hui produisent aussi des œuvres de grande valeur, des merveilles propres à entrer au cénacle des chefs-d'œuvre d'ici quelques années. Tout n'est pas corrompu, et si 75% de la création reste médiocre mais se trouve encensée, il y a une raison. Qu'est-ce qui pousse le public, critiques d'art et marchands y compris, à plébisciter une création qui pour quelques-uns manque de tout : de sens, de savoir-faire, de force, d'esthétique... Juger nulle une création sans chercher plus loin me gêne et avant de jeter aux orties une production qui ne m'intéresse pas, je trouve plus constructif de chercher quel sens elle revêt.

J'aimerais mieux connaître ton point de vue et ton approche qui, pour ce que j'ai pu brièvement entendre, sont bien différents. L'œuvre de Duchamp est sans doute beaucoup plus complexe que ce que j'ai pu en saisir, et l'intérêt des créations contemporaines réside probablement dans des contrées où je ne me suis jamais aventurée jusqu'à présent. Je suis curieuse de lire ton analyse de l'œuvre de Marcel Duchamp et de quelques artistes de ton choix, avide d'avancer dans cet univers qui pour moi est synonyme de vie, de risque et d'enrichissement personnel.

Bien amicalement,
Catherine

Amiens, le 31 janvier 2012

Chère Catherine,

Pour commencer, sache que je te réponds non comme un spécialiste mais comme un amateur d'art contemporain. Amateur, dans le sens de l'amoureux comme éternel débutant. Je suis entré dans l'art contemporain par la musique, puis par la découverte de l'œuvre de Joseph Beuys qui a joué pour moi le rôle de passeur. Je me suis forgé un regard par la fréquentation des expositions, des musées, des galeries, étayée de quelques lectures. Certaines œuvres laissent sur nous leur empreinte, elles transforment notre façon de percevoir, de sentir, de penser. Preuve que la forme, au cœur de la création esthétique est une force agissante. L'art se mesure aussi à ses effets.

Dans ta lettre, tu rappelles à juste raison que l'art est une affaire de goût. Mais savourer une œuvre d'art s'associe toujours à un jugement de valeur. Apprécier pourrait être le terme exact de notre rapport à une œuvre d'art. Le goût et son jugement esthétique n'ont rien de naturel : le goût est culturel. Il se cultive, s'éduque ; la sensibilité se combine à l'intellect et s'enrichit par l'expérience. Il faut regarder avec attention les œuvres pour apprendre à les connaître. Et aller parfois, comme tu le soulignes, vers des œuvres qui ne nous plaisent pas *a priori* si on désire s'ouvrir de nouveaux horizons. Je suis d'accord avec toi, l'art est une forme de langage qu'il faut progressivement appréhender. « Désapprendre pour apprendre », ta formule est juste.

Mais un langage nouveau s'appréhende aussi sur fond de langue ancienne, déjà connue. Les formes nouvelles gardent une trace des formes anciennes même dans leur logique de dépassement. Le désir de rupture est la reconnaissance d'un lien. En ce sens je ne crois pas à l'existence d'œuvres absolument nouvelles. Mais cette thèse je le reconnais, est discutable. *Fontaine* de Duchamp, pourrait être un exemple d'une œuvre radicalement novatrice.

Dans l'art, l'esprit trouve une forme sensible. La contemplation et le plaisir de voir ne sont pas tout. L'appréciation passe par un jugement de valeur et une analyse, une forme de compréhension. Il y va aussi de notre imagination. L'œuvre se prolonge, se construit dans le regard du spectateur. Nous ne sommes pas simplement des récepteurs passifs ou des herméneutes. Le regard de chacun est créateur. L'expérience d'une œuvre d'art est l'unique d'un unique. Au-delà de l'émotion suscitée, l'art nous convie à donner un sens dans l'horizon d'un au-delà du sens. L'interprétation bute sur une limite ou n'en finit pas.
Tu évoques ces moments où malgré le déplaisir de la rencontre avec une œuvre, tu souhaites aller plus loin. Devant ce qui t'apparait énigmatique, tu désires comprendre, percer le secret ; quelque chose pique ta curiosité. Marcel Duchamp, jouant sur les mots parle *d'objet-dard*. Il n'y a pas dans ce terme qu'une connotation sexuelle. L'énigmatique aiguillonne le questionnement. Comprendre demande de l'attention, du temps, une capacité d'analyse. Elle nécessite souvent une culture, un savoir

préalable enrichi d'une expérience. Mais on peut aussi aborder les choses comme un candide dans la fraicheur de la première rencontre. L'ouverture d'esprit et des sens est en tout cas une nécessité. L'expérience esthétique trouve sa source dans la curiosité et le désir. Comme tu le dis, on se doit de laisser ses *a priori* de côté. Sinon il n'y aurait pas de place pour le nouveau. L'abord de certaines œuvres riches d'innovations ressemble à une initiation. Il faut se laisser surprendre, suspendre peut-être, pour donner place à l'inattendu. Nous sommes habitués à des modes de représentations liés à des codes qui se sont imposés dans l'histoire de l'art ; nous reconnaissons les créations du passé, celles de notre présent nous sont parfois bizarrement plus étrangères, certainement car elles viennent déranger nos habitudes de spectateurs. Mais les grands tableaux du passé ne nous sont-ils pas faussement familiers ? Un néophyte face aux *Ménines* de Vélasquez peut en apprécier la grandeur, la beauté, la qualité de la facture. Mais accède-t-il à la subtilité de la composition, à ce que le peintre met en abîme dans le mode de représentation, saisit-il les éléments historiques et leurs significations ? Les arcanes du tableau lui échappent. N'en est-il pas de même pour nombres de grands chefs-d'œuvre de l'histoire?

Chaque production artistique contient en elle sa propre théorie, son code de représentation, son mode propre de lecture. Cette théorie peut être déjà codifiée, modulée autrement ou totalement inusitée. La forme contient sa formule. Celle-ci est à découvrir, à apprivoiser. L'histoire de l'art est riche d'évolutions stylistiques.

L'œuvre se montre et se cache, elle préserve toujours une part obscure. N'est-ce pas le jeu entier du visible qui palpite dans cette oscillation ? Dans la pensée occidentale, le voir s'associe au comprendre, au savoir. Pour Platon, penser c'est contempler l'essence des choses. La beauté dévoile ou guide vers l'essence. Ce qui apparaît dans la lumière, c'est l'être dans sa vérité. La lumière participe de la mise à jour d'une vérité ; la révélation se tient dans la clarté d'une clairière. Mais un fond reste toujours en retrait. L'œuvre d'art, présence visible créée par l'artiste, invite en tout cas à une herméneutique. Sa signification dépasse d'ailleurs les intentions de l'auteur. L'art est un mode de représentation, il en appelle au sens. C'est une forme de langage, avec ses signes, ici iconiques. Mais l'art est aussi une forme de présentation. Le sens n'est pas tout. Lui-même n'est pas tout. L'art participe du sensible. Un tableau donne à voir. Mais quoi ? Un motif, une histoire, une composition ? Le visible ? La lumière elle-même qui permet la visibilité ? Cela se ressent chez Caravage ou Vermeer. Pour les contemporains, je pense à James Turrell qui crée des œuvres qui sont de pures matières colorées. Autre hypothèse : le tableau nous permettrait-il d'accéder au regard de l'artiste ? C'est sans doute tout cela à la fois, et plus encore. Dans la peinture religieuse, on vise même un au-delà du visible ; quelque chose de l'ordre de l'irreprésentable…

Au XXe siècle l'abstraction se libèrera de la figure et donc de la figurabilité, pour créer un monde de traits, de formes et de couleurs. Vise-t-elle une pure présentation ? Elle souhaite se dégager de tout référent extérieur. L'autonomie de l'art est en enjeu crucial au XXe siècle. Il ne renverrait qu'à lui-même. C'est ce qu'on nommera l'art pour l'art. L'autoréférence et l'autoréflexivité sont des concepts importants pour comprendre des pans entiers de la création de notre époque. L'art s'interroge sur ce qu'il est dans une forme de mise en abîme. Comme le montre plus nettement l'abstraction, le tableau est une combinaison de formes, de coloris, d'intensités. C'est une composition. L'art crée des formes, c'est une puissance plastique. Il interpelle le sens et les sens.

Tu critiques, dans l'art contemporain, une prééminence du concept sur la qualité plastique et sensible. Il est vrai qu'il existe des courants qui veulent se détacher de la notion de savoir-faire, de la *belle manière* et de sa virtuosité technique. L'art conceptuel, par moments, développe le travail dans cette direction. L'Œuvre serait avant tout une Idée. On a créé des œuvres purement virtuelles, se passant de leur réalisation matérielle. Si cela est plus flagrant dans l'art contemporain cette vision a toujours existé. Michel-Ange définissait la peinture comme *cosa mentale*, elle permettait de donner une forme visible à l'idée ou l'invention. L'œuvre d'art a pu se comprendre comme objectivation d'un élément spirituel. L'œuvre existe d'abord dans l'imagination pour ensuite s'incarner dans une matérialité. Métaphore d'un accouchement par la tête comme pour Athéna ? Les surréalistes, à la suite des romantiques, mettront l'imagination au cœur de la création, dans son lien avec l'inconscient, ou avec le monde des rêves ou de la nuit. Mais la mise en forme, si elle était seconde chez Michel-Ange, n'était évidemment pas secondaire, ses magnifiques réalisations en témoignent. Chez certains créateurs modernes au contraire, la réalisation est parfois décevante. C'est parfois volontaire. On peut s'en plaindre, mais pour certains artistes ce qui compte c'est la logique, la cohérence du projet. Ou le projet lui-même. L'artiste ne veut pas forcément flatter ou remplir le regard. Il s'adresse à l'intellect, ou à l'imagination créative du spectateur peut-être ? Le savoir-faire n'est plus aujourd'hui une valeur en soi. On ne privilégie pas nécessairement le métier, ni la facture, ou alors dans le sens d'une facturation. Certains artistes conceptuels font réaliser leurs œuvres par d'autres. Ceci a des conséquences parfois fâcheuses, j'en conviens. Beaucoup d'œuvres paraissent bâclées, bricolées, peu matures. Souvent aussi en panne d'idées. Du vite fait, mal fait. Productions pauvres sans être de l'*Arte Povera*. De là à dire comme Baudrillard, ou Jean Clair que tout l'art contemporain serait frappé de nullité… !

Assiste-t-on aujourd'hui au triomphe de la surface sur la profondeur ? Et pourquoi pas ! Nous sommes invités à surfer, non à plonger.

Marcel Duchamp, avec l'idée du « tout fait, déjà fait » des *Ready-Made*, est certainement pour quelque chose dans ces dérives. Mais il ne faut pas juger le maître à l'aune de ses disciples. Nietzsche écrit que les disciples sont les pires ennemis d'un philosophe. Tu cites De Chirico sur ce chapitre. Duchamp n'exprime pas, dans ses réflexions, la supériorité technique indépassable des anciens sur les

modernes, mais la supériorité technique de l'industrie sur celle des artistes. Il existe d'ailleurs des artistes récents qui font preuve d'une grande virtuosité. L'art est une affaire de style. La virtuosité, le savoir-faire ne sont en fait que des moyens. On peut se demander si Duchamp ne remet pas aussi en cause cette catégorie.
Aujourd'hui, la primauté va à la nouveauté, qui est d'ailleurs rarement au rendez-vous. Ça a été le cas à toutes les époques. Les révolutions n'éclosent pas tous les jours. Le neuf n'est pas non plus une valeur absolue. Dans les sociétés traditionnelles, c'est la reconduction des formes conventionnelles qui est valorisée. À notre époque, qui se dit progressiste, on donne la priorité au nouveau que l'on confond avec une réelle évolution. On peut, par exemple, donner priorité à certains artistes uniquement du fait qu'ils sont jeunes. L'immaturité est aussi d'époque. Je suis d'accord avec toi pour trouver certaines créations primaires, peu élaborées. Productions d'analphabètes, brouillonnes, là où un travail se devrait d'être critique et fort d'une prise en compte de l'histoire. Dans des expositions, il arrive de rencontrer des œuvres à la simplicité désarmante et alarmante. Des jeunes artistes talentueux, très vite projetés sous les feux de la rampe sont désamorcés ou détruits par le système et ne parviennent plus à approfondir leur travail. Ils sont étouffés dans l'œuf, ou se répètent assez vite, quand telle réalisation marche, c'est-à-dire se vend bien. Ils sont littéralement consommés sur place. Le marché est avide de « nouveaux produits », pour relancer la curiosité de consommateurs déjà gavés. Pour les pousser à aller

visiter les expositions ou les foires d'art contemporain. La nouveauté proposée est rarement innovante.

Le monde de l'art est pris dans la logique forcée de l'offre et de la demande : l'œuvre d'art est ravalée au rang de marchandise, la valeur marchande prime souvent sur la valeur esthétique et le marché de l'art influe sur la création. Il définit les valeurs. Les institutions culturelles collaborent avec les acteurs économiques. L'internationalisation du marché suit la globalisation et certaines grandes galeries ont des succursales partout dans le monde. Les grandes manifestations internationales, comme les différentes biennales, ont un impact important sur la valorisation et la notoriété des artistes. Les institutions publiques, quelques grands collectionneurs ou des critiques reconnus ont aussi un rôle dans la reconnaissance des créateurs et le prix de leurs œuvres. Les artistes sont associés à des cotes. Celles-ci dépendent beaucoup des ventes aux enchères dans des grandes institutions comme Sotheby's ou Drouot par exemple. Les œuvres servent de placements financiers, elles deviennent objets de spéculation et peuvent atteindre des prix exorbitants. On est loin d'une logique esthétique.

L'art est entré dans l'ère de la consommation de masse. C'est ce qu'a dénoncé, tout en en profitant, le Pop Art. Aujourd'hui, on se trouve devant ce paradoxe, où même la critique négative semble alimenter le système en place. Le système capitaliste, soutenu par la publicité et les mass-médias possède une grande capacité d'absorption et de récupération, ou de désamorçage. L'art finit par s'inscrire dans la société du divertissement et du spectacle. Nombre d'œuvres se veulent légères, ludiques, extravagantes, faussement subversives. Il faut joindre le futile à l'agréable. On ne doit pas paraitre ennuyeux. Ce n'est que le symptôme d'une société qui s'ennuie, il faut donc monter le seuil d'excitation. De grandes figures résistent heureusement à cette logique du divertissement oublieux, à cette dimension commerciale, ils défendent une création personnelle, exigeante, et originale, se détachent des systèmes et des modes de représentations dominants. Il ne faut pas confondre spontanéité et liberté d'expression. Cette dernière s'acquiert par un labeur acharné, par l'approfondissement d'intuitions et de recherches et par une lucidité critique.

Il est vrai que les institutions publiques et privées, les grands collectionneurs, les galeries, les commanditaires influent sur la création. Le marché attribue les valeurs. On confond aussi la valeur d'une œuvre avec son prix. On peut parler de production artistique autant que de création. Nous sommes rentrés à l'ère de la reproduction technique ; Walter Benjamin l'a écrit : « l'œuvre d'art a perdu son aura ». Mais les artistes n'ont jamais totalement été libres, à quelques rares exceptions. Toute la peinture religieuse était encadrée par les codes et les dogmes imposés par l'église ; certains types de figuration étaient interdits et donc impossibles. Le grand Michel-Ange, pour le citer à nouveau, lors de la réalisation de la Chapelle Sixtine, a vu son travail censuré, et ses corps nus se sont retrouvés recouverts d'un voile de pudeur. Tout créateur subit l'influence de son milieu social, des idéologies de son époque et du milieu artistique dans le sens large. Il se confronte aussi aux normes de représentations dominantes, il est pris dans des rapports de force et de pouvoir, soumis à des systèmes de censure et de validation. L'art est en partie asservi au pouvoir ; il le sert quelque fois consciemment, lui donne une forme d'éclat, travaille pour sa glorification et peut devenir une caution symbolique. Il inscrit l'histoire éphémère dans un semblant d'éternité.

Dans ta lettre, tu fais mention de ces artistes qui ne travaillent que dans un but de reconnaissance. L'enjeu premier est celui de se faire connaitre, reconnaitre. L'art contemporain, je suis d'accord avec toi, porte la marque de ce narcissisme ; tout est bon pour se faire remarquer, la provocation est un des moyens utilisés le plus fréquemment. On cherche à se faire de la pub. Ce type de soufflet retombe vite, essoufflé.

Aujourd'hui, l'artiste a tendance à se mettre en scène, à devenir le sujet de son travail. La modernité offre de multiples développements et prolongements du classique autoportrait. Le sujet se met en scène lui-même dans ses œuvres. Les travaux touchant à la biographie, à la question identitaire, à la marque, aux métamorphoses du corps, abondent. Le sujet est le sujet. Cette tautologie, avec ses accents et déplacements, peut finir par sentir le renfermé. La dimension autoréflexive ne concerne plus le médium mais l'artiste, il n'est plus question de l'artiste et de son modèle, mais de l'artiste en ses miroirs. Cette mise en scène de soi est une exploration de la notion de sujet et de ses représentations, mais peut aussi déboucher sur des formes d'exhibitionnisme dont sont friands les médias et le public. Notre époque est individualiste, exhibitionniste et impudique. La création artistique s'en fait le reflet. Mais l'exhibition est sans doute aussi une forme d'extase…

Dénoncer et jouer le jeu vont actuellement de pair. Tout pousse à un tout voir et à un tout montrer. Cela est typique, Foucault l'a analysé, d'une société de contrôle et de surveillance. Il est inutile de te rappeler les divers phénomènes sociaux qui confirment cette thèse. Se livrer, n'est-ce pas *se rendre* aux pouvoirs en place ? Les médias, en dehors de leur fonction d'information et de communication, sont aussi des appareils de capture. On parle de transparence, mais la vitre est le plus souvent une glace sans teint.

Lacan pensait que notre époque nous confrontait à un impératif : « Jouis ! ». Il existe une autre forme de convocation : « Tout doit apparaitre ! ». Dans l'idée aussi que tout doit être disponible. L'arraisonnement du monde par la technique s'associe à une forme de dévoilement. Cette seconde formule se couple à un « Tout doit disparaitre ! », injonction du vendeur, mot apocalyptique du consumérisme.

Vouloir se faire remarquer et acquérir à tout prix une notoriété est un jeu à double tranchant. L'artiste peut être amené à des compromis nuisibles à sa créativité. « Tout le monde aura sa minute de célébrité », annonçait Warhol. Mais notre société est oublieuse, les enthousiasmes sont de courte durée. Cette course à la notoriété ou à la distinction ressemble à ce que Freud appelait « le narcissisme des petites différences ». Sous couvert d'une multitude de singularités n'apparait qu'un champ assez gris et monotone. La nouveauté permanente remplace souvent la véritable innovation. Comme toujours, les véritables originalités sont rares. Les exceptions ne font, en général, que confirmer la règle. Le marché qui dicte sa loi, véhicule les modes du moment, des modes qui changent rapidement. La mode fabrique le démodé, l'éphémère domine. On doit ne se fixer sur rien pour pouvoir être disponible au nouveau produit du marché. Le capitalisme a besoin d'un sujet ouvert, inattentif, d'un sujet zappeur et pour laisser la place à de nouvelles marchandises, les produits doivent avoir une durée de vie limitée. On ne répare pas, on remplace pour écouler la surproduction.

La globalisation a des effets d'uniformisation. L'uniformisation du marché, sa tendance monopolistique, nécessitent une uniformisation des mœurs et des esprits, des modes de consommation. Dans le domaine de l'art, on parle de style international qui viendrait gommer certaines spécificités. Ce qu'on appelle post-modernisme avec son mélange de styles divers aboutit à un art assez fade, d'un éclectisme kitch. Les grands collectionneurs pris dans des rivalités mimétiques construisent des collections qui reproduisent du Même. Mais ne soyons pas pessimistes, des artistes travaillent encore à contre-courant, ils ne bêlent pas avec le troupeau comme tu l'écris. D'ailleurs, face à tout système dominant, se construisent des forces d'opposition. Des grands créateurs comme Kiefer, Baselitz, Richter, pour ne citer que des Allemands, tracent depuis longtemps leur sillon et continuent de le creuser.

Le beau a été la catégorie centrale du goût et du jugement esthétique dans l'art classique. Une grande œuvre devait être belle pour donner du plaisir en s'offrant à la contemplation du regard. Les sujets devaient également être nobles, élevés. Mais au XXe siècle, la problématique évolue, se déplace. Selon Arthur Danto, devant une création artistique, nous passons de la question : « Est-ce beau ? », à la question : « Est-ce de l'art ? » La réponse restant profondément problématique, puisqu'il n'existe aucun concept valable pour définir et circonscrire ce qu'est l'Art. C'est un concept ouvert, ses frontières sont mouvantes. Pourtant, on ne peut s'empêcher de donner une réponse, de porter un jugement pour accorder ou non une valeur à l'objet d'art que l'on a devant les yeux.
Le XXe siècle a bousculé toutes les catégories de l'art. Tu cites à ce sujet l'influence de Dada et de Duchamp. On assiste globalement à une forme de désacralisation de l'art, l'œuvre se détachant des notions de sublime, de celles de la belle manière et du sujet élevé, pour se rapprocher du quotidien, de la vie, du banal. C'est Baudelaire qui introduit l'importance du banal dans l'art.
Grâce à cela, on voit ainsi apparaitre l'autre facette du sublime qui est du côté du déchet. On a voulu rapprocher l'art de la vie en effaçant leurs frontières. Plus qu'un *non-art*, il est question d'un *Tout art*. Les artistes dada ont voulu briser toutes les conventions et remettre en cause le domaine de la représentation. Ils ont ouvert ainsi un champ nouveau, presque infini à la création, avec un esprit d'anarchie libertaire et joyeuse. Régnait

là une dimension ludique et dionysiaque. Comme pour Duchamp, l'humour et le jeu venaient attaquer l'esprit trop sérieux de la réception de l'art par la bourgeoisie. L'absurde venait bousculer le sens. Les surréalistes reprendront à leur compte cet esprit de fronde révolutionnaire.

Pour Marcel Duchamp, le grand ennemi de l'art, c'est le bon goût. L'urinoir est en cela, une œuvre emblématique. Duchamp fait un acte sacrilège. Il propose non seulement un objet manufacturé et utilitaire, mais en plus, si l'on peut dire, un objet de basse condition. La désublimation fonctionne à plein. Il remet en cause la signature et sa fonction d'attribution, en inventant un pseudonyme qui se rapproche d'un nom de marque industrielle. L'urinoir sort d'un atelier et non des mains de l'artiste. Duchamp vise un art dissocié de l'œil et de la main, il place l'objet réel au centre de la création. Et les conséquences seront immenses. Les cubistes Braque et Picasso réaliseront une chose similaire en associant à leurs tableaux des matériaux ou objets provenant de la réalité quotidienne.

Comme Dada, Duchamp remet en cause le modèle traditionnel de la représentation, avec son système de signes iconiques renvoyant à un référent dans la réalité. L'urinoir n'est pas qu'une mauvaise blague qu'on a finie par prendre au sérieux. Avec *Fontaine*, on assiste à l'irruption du réel, la présentation de la chose prend le pas sur la représentation. Il y a là, un acte révolutionnaire et fondateur. Duchamp n'introduit pas seulement une nouveauté dans le champ artistique, il lui ouvre de nouvelles perspectives et horizons. *Fontaine* est un cheval de Troie

qui vient renverser l'ordre établi, il subvertit le système de valeurs, de normes et de formes dominantes de son époque. Et à son tour, il fera école. Marcel Duchamp ne voulait pas multiplier les *Ready-Made* pour ne pas créer de nouvelles habitudes, ses suiveurs ne le suivront pas sur ce point.
Tu vois, avec l'urinoir, on est loin d'un n'importe quoi. C'est un geste éminemment stratégique. Tu évoques aussi dans ta lettre, la notion d'installation et sa dimension de mise en espace. Je pourrais t'en parler la prochaine fois. Connais-tu le travail réalisé par Louise Bourgeois, dans cette série appelée *Cells* ?

Je t'embrasse, à bientôt,
Philippe

Arles, le 1er mai 2012

Cher Philippe,

Je suis, comme certains sans doute à un moment donné de la vie, en train de retarder indéfiniment un acte que j'ai pourtant une terrible envie de réaliser. J'ai pris beaucoup de retard pour te répondre, alors même que je sollicite ces échanges et attends avec impatience tes écrits et tes réflexions sur l'art.

En ce moment, je suis perplexe et cependant admirative, devant quelques représentations d'œuvres de la série *Cells* de Louise Bourgeois, et je me remémore ta dernière lettre…

Tu écris que comprendre demande de l'attention, du temps et de l'analyse. Je n'ai pourtant pas le sentiment de manquer d'attention quand je vais voir les expositions d'art contemporain ! Et le regard que je porte sur les œuvres de Louise Bourgeois, que j'ai sous les yeux, est curieux, attentif, presque scrutateur. Son travail m'interpelle. Si je l'avais croisé sans préavis dans une exposition, je me serais sans doute arrêtée pour observer, examiner. J'aurais cherché à comprendre le sens de l'œuvre, admiré la façon, la technique, et j'aurais probablement poursuivi ma visite en me disant que décidément, ce genre de travail me résiste et reste inaccessible. En fait, c'est moi qui résiste, j'en ai conscience. Je résiste parce que j'aime les œuvres qui touchent ma sensibilité esthétique, les œuvres qui font appel à la virtuosité de l'artiste, des œuvres que n'importe qui ne peut pas réaliser. Et en écrivant ces lignes, je mesure à quel point le travail de Louise Bourgeois correspond à ces critères ! Je reviens sur les images, m'attarde dans une chambre, recule horrifiée à la vue plus précise de ce que je pense être un personnage, me laisse interpeller par l'ensemble qui m'atteint dans ce que j'ai de plus intime. Elle touche ma sensibilité, heurte mon sens de l'esthétique avec un talent, un savoir-faire qui résulte d'heures et d'années de travail. Elle me touche et me bouscule. Parce que j'ai pris le temps de faire un arrêt sur image et de remettre en question mes critères d'appréciation. Ou tout du moins de les interpréter différemment.

Nous vivons une époque, et dans une société individualiste où le temps manque si l'on veut répondre à toutes les sollicitations : tout le contraire d'un monde où l'on prend le temps, d'un monde qui favorise l'attention. Je comprends que pour être vues, les œuvres doivent interpeller, heurter parfois, et obliger les spectateurs à s'arrêter. Sur ce plan, Louise Bourgeois m'a conquise. Reste un fond de réticence. J'ai du mal à me laisser conquérir par les scènes de *Cells*. Je les trouve froides, déshumanisées. Et c'est peut-être ce que cherche Louise Bourgeois. Je n'aime pas *Glass spheres and hands*. Et en même temps, j'admire cette façon qu'a l'artiste de figurer notre monde où nous sommes, chacun dans notre bulle, autour d'une table qui pourrait symboliser le partage, face à des mains qui se tendent et que nous ne prenons pas. Cette œuvre est tout le contraire de la déshumanisation : elle figure l'humanité, sans figure !

Louise Bourgeois a un talent fabuleux. Ses cellules évoquent un univers intime, qui pourrait n'être que celui de l'artiste, et qui renvoie pourtant le spectateur à lui-même. Ainsi donc, effectivement, la rencontre avec une œuvre demande du temps. Mais si peu au regard de l'éternité ! Combien de temps suis-je restée devant les photos ? Trois minutes, à peine… le temps d'entrouvrir une porte, de la refermer et de me dire « C'est quoi ça ? Je dois voir de plus près ! »
J'ai apprécié l'ensemble, la scénographie, les jeux de matières, la précision et l'aboutissement de la réalisation, pour certaines, presque un travail d'orfèvre. Je crois que l'ordre et la perfection dominent, en tout cas, c'est ce que je ressens. Je ne croyais pas pouvoir ressentir quoi que ce soit face à ces œuvres, car je cherchais le sujet, le sens. J'y voyais des œuvres intellectuelles. Elles sont pleines de sens, de sensations, de sentiments.
Je n'ai pas pris plus de temps que sur une exposition. Je l'ai pris autrement. En alerte, je m'attendais à voir. Tu dis que le regard s'éduque, oui, j'en conviens : nous ne voyons que ce que nous nous attendons à voir, donc ce que nous connaissons. Ce que nous ignorons, nous reste inaccessible. Le regard que j'ai posé sur les quelques photographies de la série *Cells*, pour y trouver ce que je pensais pouvoir y découvrir, c'est le regard d'une humaniste, ou d'une sociologue. L'appréciation de l'œuvre est le cadeau, la prise de conscience que ces créations correspondent à ce que j'attends de l'art, mais que je cherche habituellement dans des œuvres plus conventionnelles, si je peux m'exprimer ainsi.

Il y a tout de même un risque, qui a toujours existé, certes, mais qui prend une autre tournure : d'amener les gens à s'extasier devant du « grand n'importe quoi » après les avoir initiés à l'art contemporain. Ce qui était vrai aussi à d'autres époques quand les œuvres véhiculaient les messages des commanditaires, noblesse et clergé. Aujourd'hui, ce sont les critiques et les marchands qui invitent à apprécier sur de nouveaux critères, des œuvres porteuses de leurs messages : Achetez-moi, achetez-moi, vous ferez un bon placement !
J'ai activé mes propres référents pour accéder, non pas à une compréhension, mais simplement à un échange. Comme si, une fois le canal adéquat trouvé, je me trouve sur la bonne longueur d'onde pour capter le message. Si message il y a ! Je le crois. Je crois que les artistes créent parce qu'ils ont des choses à dire. Autre chose que ce que les critiques et spéculateurs nous assènent.
Une partie de l'art contemporain joue avec l'éphémère et l'incapacité de l'homme à rivaliser avec les machines. La série *Cells* nous confronte à cet univers froid et indifférent, en tout cas, c'est ce qu'elle me renvoie. J'y vois l'influence de Marcel Duchamp dont tu parles longuement. Face aux œuvres de Louise Bourgeois, je vois parmi d'autres *Precious liquids*, *Passage dangereux*, ou *l'araignée,* je serais tentée de contester les propos de Marcel Duchamp que tu rapportes quand il dit qu'aucun artiste – de son époque soit mais on n'en est pas loin – ne peut rivaliser avec la technologie industrielle. Les œuvres de Louise Bourgeois le démente, et elles vont plus loin que

les *Ready-Made*, car elles ont une âme, celle de l'artiste ou la nôtre, que les objets industriels n'ont pas. Louise Bourgeois nous offre des œuvres pleines de virtuosité et d'émotions. Elle y arrive par un travail constant et acharné qui s'étale sur des années et puise dans un vécu analysé qu'elle sait regarder avec un minimum de distanciation.

L'exercice auquel je viens de me livrer me prouve que je peux apprécier l'art contemporain. Je goûte finalement l'œuvre de Louise Bourgeois avec une délectation que je n'aurais pas soupçonnée si je n'avais pas pris le temps de la regarder comme je viens de le faire. Je reviens toutefois sur un avis qui n'est peut-être qu'un présupposé sans fondement, ou une projection : le manque d'intérêt pour l'art contemporain. Si tant est qu'il y ait désintérêt. Ne viendrait-il pas, indépendamment du manque apparent de travail de bien des artistes, du fait que ces œuvres livrent tout cru des sentiments à vif, comme des impulsions que le spectateur reçoit sans savoir qu'en faire ? Ou des œuvres intellectualisées qui font appel à des concepts quelquefois trop abstraits, abscons, ou rattachés à l'univers très personnel de l'artiste ? Est-ce que la différence entre une artiste comme Louise Bourgeois et une foultitude d'autres n'est pas la capacité de la première à nous parler de nous à travers elle, alors que les seconds nous parlent d'eux à travers ce qu'is prétendent être nous, ou les autres… ? Il y a dans l'œuvre de Louise Bourgeois une forme de pudeur. Il s'agit de préserver une part de soi que l'on ne livre pas au regard de l'autre, des autres. Ou alors, de façon détournée, imagée… *Les contes grivois* de Maupassant, sont aussi en ce sens, pleins de pudeur. La tendance actuelle à la spontanéité va à l'encontre de la pudeur : on ne met pas les formes pour dire ce que l'on veut dire. Une partie de la production contemporaine pâtit, me semble-t-il, de cette tendance.

Cette évolution n'a rien d'étonnant dans une société où l'enseignement, comme l'éducation, néglige l'héritage des anciens pour privilégier des savoirs pratico-pratiques et l'expression individuelle. Nous sommes dans une culture de l'instant et de l'individualité qui s'arrête souvent à la superficie des choses et des êtres, qui effleure du regard, s'attache à la forme sans chercher à atteindre le fond. Quand Louise Bourgeois nous confronte à cet univers individualiste où chacun vit dans sa bulle, et nous invite à visualiser cet ensemble de bulles ou de cellules juxtaposées, nombre d'artistes nous dépeignent leur monde – quelquefois intime – dans un style impersonnel soumis à des effets de mode. J'ai là, la délicatesse ou la couardise de ne citer personne ! Louise Bourgeois a une démarche de pédagogue quand d'autres ont une démarche de démagogue.

Quelle attention peut-on porter sur ce qui nous entoure quand le regard glisse ? Quelle analyse peut-on réaliser quand tout semble énoncé dans une image, un slogan ? Quel temps consent-on à donner dans une société où tout va vite, où l'on ne manque *a priori* de rien, où l'intolérance à la frustration est fréquente ? Nous l'avons déjà dit, et écrit, l'objectif est désormais de réussir vite, c'est-à-dire d'acquérir une notoriété et les bénéfices financiers qui vont avec dans les meilleurs délais. Pour les hommes comme pour les entreprises. Et pour être connu, dans quelque domaine que ce soit, le meilleur moyen est souvent de surprendre, en innovant, en choquant, en communiquant. Rien qui nécessite un travail long et patient, d'apprentissage par l'observation, l'écoute et l'analyse. Rien qui ne fasse appel à la connaissance des anciens pour poursuivre une œuvre dans le sillon qu'ils ont commencé à tracer. L'art contemporain n'échappe pas à cette évolution. Il en a peut-être même été précurseur. Il semble faire table rase des savoirs et des savoir-faire accumulés au fil des générations, il prend sa source dans l'égo de chaque aspirant artiste oubliant que la nature humaine est constante et que les questions soulevées, les affres traversés par les hommes d'aujourd'hui, leurs précurseurs y ont apporté des réponses.

Si mes informations sont exactes, et si je ne les trahis pas, la plupart des écoles encourage la personnalisation, développe les savoir-faire en termes de présentation, de mise en scène de soi ou de sa création, favorise la communication. Je ne suis pas certaine qu'il s'agisse uniquement d'innovations qui nécessiteraient de renoncer à nos modes de représentation. Je pense qu'il y a un réel changement de paradigme. Les œuvres d'aujourd'hui, en allégeant le travail sur la forme pour privilégier le concept et faire appel à l'intellect, ne le font pas dans un esprit d'ascèse et de dépouillement qui demande un long et patient travail sur soi, et un grand savoir-faire. Louise Bourgeois a une

œuvre qui peut être très dépouillée, mais elle est dense et le dépouillement est savant. Je pense notamment à *Cells : You Better Grow Up*, ou *The Last Climb*. Un autre artiste a poussé la déconstruction et le désapprentissage des canons de l'art pour revenir à la spontanéité du trait de l'enfant, Miro. Mais chaque ligne, chaque aplat contient la vie, le souffle, comme dans les calligraphies chinoises. Il faut entrer dans l'œuvre de Louise Bourgeois et de Miro, pour ne citer qu'eux, alors que nombre d'œuvres contemporaines semblent déborder et envahir le spectateur.
Par ailleurs, en cherchant à développer avant tout les talents individuels, ce qui est louable, elles conduisent les jeunes artistes à construire sans fondations, ou à en bâtir d'autres, moins profondes et qui ne peuvent pas être aussi solides que celles que les prédécesseurs ont mis des siècles à élever. Elles leur donnent un cadre sommaire de connaissances, comme une boite pour en faire une boite à outils, charge à eux de forger leurs propres outils. Comment fabriquer un marteau quand on n'a pas appris ?

Il se peut que je ne reconnaisse pas la valeur des créations actuelles parce que je ne les connais pas assez. Je me considère béotienne en matière d'art, toutes époques et toutes cultures confondues. Je suis d'une génération qui n'a pas bénéficié d'enseignement en matière d'histoire de l'art – ou si peu – et je ne suis pas certaine d'avoir suffisamment fréquenté les musées pour être imprégnée d'une culture classique. Je suis, probablement comme tout le

monde, réceptacle de ce que Maurice Halbwachs appelle la mémoire collective qui m'amène à me sentir plus familiarisée avec des œuvres connues et reconnues. « Pour que notre mémoire s'aide de celle des autres, il ne suffit pas que ceux-ci nous apportent leurs témoignages : il faut encore qu'elle n'ait pas cessé de s'accorder avec leurs mémoires et qu'il y ait assez de points de contact entre l'une et les autres pour que le souvenir qu'ils nous rappellent puissent être reconstruit sur un fondement commun. »
Cependant, indépendamment des codes et des modes artistiques, je suis convaincue que la création est le reflet des valeurs et des savoirs d'une époque, et ce que me renvoient, non pas toutes, mais beaucoup d'œuvres aujourd'hui, c'est le manque de persévérance qui conduit à livrer au regard des productions non abouties et la prise de pouvoir des commerciaux, dans ce domaine comme dans les autres, poussant la spéculation et montant au pinacle des artistes suffisamment narcissiques pour se livrer à des opérations de promotion disproportionnées par rapport à la qualité de leur travail. Je critique et donne sans doute l'impression de vouloir jeter aux orties la production contemporaine : que nenni ! Il y a dans l'ombre des ateliers, tellement d'artistes talentueux qui galèrent parce qu'ils ne prennent pas le temps de se montrer, ou le font, de temps en temps en toute modestie.
Nous n'apprenons plus rien du passé et le présent nous submerge sans que nous puissions le saisir... l'art se vide, comme une coquille. Pourtant, comme l'écrit Maurice Halbwachs, « Chaque fois que nous percevons, nous nous

conformons à celle logique ; c'est-à-dire que nous lions les objets suivant les lois de causalité que la société nous enseigne et nous impose. » Le problème est sans doute que nous le faisons sans en avoir conscience. En effet, si nombre de créations d'aujourd'hui me déroutent quand je les considère comme objets d'art, la plupart m'interpellent en tant que témoignage du monde dans lequel je vis. Elles m'aident à mieux le comprendre et à me situer, ne serait-ce qu'en opposition à tout ce qui me semble être disqualifiant et dévalorisant pour l'homme, quand il est au contraire capable de tant de grandeur.

Il y a quelques décennies, Louise Bourgeois évoquait, à travers la série *Cells*, cet univers froid et insensible où l'individu évoluait solitaire dans une recherche de perfection. Nous y sommes ! Aujourd'hui, des œuvres spontanées, brouillonnes, grouillantes mettent en scène l'imperfection de l'homme en quête perpétuelle et tous azimuts d'amour et de gratification. L'être humain a besoin de l'autre, du regard de l'autre, et il le montre. J'ose émettre l'hypothèse que les artistes, consciemment ou non, avancent en éclaireurs et nous exposent, d'une certaine façon, le monde qui nous attend.

Je trouve, dans ce sens, ton analyse de l'œuvre de Marcel Duchamp percutante et j'en viendrais presque à l'apprécier, comme Louise Bourgeois. Il a mis à nu non pas seulement la mariée, mais aussi les critiques et les marchands d'art qui font, selon lui, la gloire ou la misère des artistes au gré de leurs propres besoins de renommée. « … j'ai de moins

en moins envie de cabotiner et de me prêter au petit jeu parisien (et new-yorkais) de la bourse à la peinture. Toute cette charlatanerie de goût me ferait presque oublier qu'il existe autre chose qu'une profession plus ou moins lucrative » écrit-il en 1949. Je vois aussi en lui un enfant en révolte contre l'autorité, un homme complexe qui, dans les entretiens qu'il accorde, a le ton et le verbe d'un personnage à l'égo surdimensionné, et dont les écrits personnels laissent découvrir un individu en quête de valeurs et d'authenticité, qui se réfugie dans la solitude et l'ascétisme. Qui qu'il soit, il n'empêche, la lecture du texte *La mariée mise à nu par ses célibataires, même* dans Duchamp du signe, indépendamment de l'intérêt que je peux trouver à sa réflexion sur le désir et la virginité, ne m'évoque qu'une masturbation intellectuelle qui débouche sur une création impénétrable ! Comme beaucoup d'œuvres aujourd'hui.
Duchamp a le côté sympathique du contestataire qui met à jour, avec humour, les travers d'un système, et qui a le loisir d'occuper son temps, en marge de ce marché qu'il fuit, avec des élucubrations qui vont être prises pour ce qu'il ne veut pas qu'elles soient : des œuvres d'art ! Il est pris à son propre piège. Ce qu'il a produit pour dénoncer un système a généré un nouveau système. En pointant l'iniquité et la désuétude du milieu de l'art, en proposant d'abolir toutes les règles d'un marché qui ne fait pas la fortune de ceux sans qui il n'existerait pas, a conduit à l'abolition de toutes les règles sauf celles du marché. De là à dire qu'il ne reste plus qu'un marché sans art serait abusif, mais il faut admettre qu'aujourd'hui, bon nombre

d'artistes talentueux tirent le diable par la queue quand des créateurs *bling-bling* et sachant communiquer, vivent grassement de la naïveté d'investisseurs mal avertis. Il en va de même des galeristes qui prennent le risque de perpétuer la mission de découvreurs de talents et de diffuseurs et en vivent difficilement.
Il est surtout, à mon avis, l'archétype d'une époque.
L'idée d'un art indépendant de toute influence, d'un art pour l'art, est séduisante. Je sais que tu apprécies le travail d'Annette Messager dont je connais les créations réalisées de divers matériaux, et qui m'évoquent les travaux manuels et les objets que je créais lorsque j'étais adolescente. J'ai souvenir de ce cœur géant exposé à Lyon il y a quelques années ; il me faisait penser à un cri d'amour – ou de souffrance – artisanal. Des objets que je qualifie de sympathiques, amusants, questionnants parfois ou dérangeants, mais que j'ai beaucoup de mal à appeler de l'art. Elle se distingue selon moi de Louise Bourgeois qui a une approche perfectionniste que j'associe à l'art, et de Marcel Duchamp qui tourne l'art en dérision.

Peut-être ta lecture de son œuvre viendra-t-elle éclairer la mienne. J'attends de te lire.

Amicalement,
Catherine

Amiens, le 18 août 2012

Chère Catherine,

Merci pour ta réponse. Tu parles de l'intérêt que tu as trouvé à certaines œuvres de Louise Bourgeois. Tu y reconnais un travail élaboré qui contraste avec le tout-venant brouillon, selon tes termes, de nombre d'œuvres contemporaines. Tu dénonces un art encensé à tort qui ne prend pas le temps de mûrir car ne visant qu'un succès rapide. Un art adolescent et immature dont la subversion feinte n'aspire qu'à la reconnaissance du marché. L'époque contemporaine voit fleurir un art à but lucratif, à consommer sur place, dont la promotion par la critique tourne à la plage publicitaire. Je partage en partie ton point de vue. L'art est devenu une marchandise. La spéculation sur l'art est plus financière qu'intellectuelle et de multiples « créateurs » se prêtent à ce jeu. Mais pour notifier un désaccord avec toi, je ne place pas Duchamp dans cette catégorie. C'est un artiste éclairé, auteur d'une œuvre dense et resserrée. Il est un des pères spirituels, humour inclus, de l'art contemporain. Il est vrai aussi, comme tu le remarques, que l'époque est envahie par le présent et par l'accélération du temps ; et que ceci a des incidences sur la production artistique (j'utilise ce mot volontairement) et sur sa réception. Notre époque ne vise pas à créer une mémoire collective, mais un oubli collectif. Et s'il existe une définition du temps aujourd'hui, elle est simple : le temps, c'est de l'argent. Et il faut en faire rapidement. Le capitalisme comme idéologie dominante vise le bénéfice maximum, à court terme, au détriment du reste. Produire et consommer sont la systole et la diastole du monde contemporain occidental. Dans ce cercle où la demande crée l'offre et l'offre crée le besoin et la demande, certaines œuvres semblent ainsi n'être produites que pour alimenter l'appétit insatiable du marché. Mais il existe des artistes qui prennent le temps d'élaborer une œuvre qui n'est pas simplement réponse aux commandes du marché.

J'aimerais donc te parler, à mon tour, de Louise Bourgeois, dont le père s'appelait Louis, et en particulier de l'œuvre *Red Room*. Je prendrai le temps d'analyser cette œuvre. Elle permet d'appréhender de nombreuses facettes de cette artiste. D'autant plus que dans ta première lettre, tu évoquais tes interrogations sur l'art de l'installation…

Cette œuvre participe d'une série débutée dans les années 80, intitulée *Cells*, *Cellules*. Ce terme renvoie au lieu, dans son aspect refermé, isolé mais aussi à la dimension du vivant, du corps, de l'organisme. Notons que les cellules forment les tissus, et que le tissu est un matériau fondamental chez Louise Bourgeois. L'artiste est une fileuse, une tisseuse, j'y reviendrai. Elle a créé des sortes de poupées, des têtes et des corps en chiffon qui permettent d'établir un pont entre tissu et chair vivante. Je me souviens bien de ma rencontre avec la *Red Room*, la chambre des parents, il y a une quinzaine d'années lors d'une exposition en Suisse. La découverte d'une œuvre d'art est une forme de rencontre. Je l'ai revue à la rétrospective de Beaubourg en 2007. Quand je suis rentré dans l'œuvre, car il s'agit bien de cela, j'avais l'impression de pénétrer dans un lieu interdit ; entre la chambre des parents et l'antre de Barbe Bleue. J'y suis resté en quelque sorte interdit, ou pour le moins fasciné. La fascination a aussi une fonction d'arrêt. Ma présence en ses lieux me gênait, quelqu'un pouvait arriver à l'improviste et me surprendre dans ma position de voyeur. J'appris par la suite que les thèmes de l'exhibitionnisme et du voyeurisme entraient dans le projet des *Cells*. Le lieu avait quelque chose d'oppressant, d'inquiétant. L'artiste voulait-elle nous faire sentir l'enfermement familial qu'elle avait vécu enfant ? Ou le mystère de la sexualité associé à la chambre parentale ? Une sorte de cage posée sur une table de nuit renforçait cette impression d'enfermement. Les couleurs rouge et brun dominaient. Le lit des parents occupait presque toute la place. J'ai été frappé par la présence du couvre-lit rouge vermillon qui donnait à la scène un côté violent, cette couleur m'évoquant le sang et la passion. Le couvre-lit rigidifié, transformait le couchage en une table ou un autel. Sur ce plateau, était posé un petit train d'enfant sur un rail tronqué. N'y avait-il pas d'échappée possible ? Je me rappelais un Noël où j'avais pleuré car le père Noël ne m'avait pas apporté le train électrique désiré. Sur les portes paravents qui encerclaient le lit, pendait une sorte de larme géante, comme les horloges molles de Dali. Ce symbole mélancolique donnait consistance à mes anciennes larmes. Cette chambre poussiéreuse, à l'aspect vieillot, respirait la nostalgie et la mélancolie. À la dimension sexuelle, s'accordait une atmosphère lugubre, mortuaire. Le lien entre sexe et mort, sexe et agressivité est au cœur du travail de l'artiste. À côté du train, une boite noire fermée gardait le secret de son contenu. J'ai su plus tard qu'elle contenait un xylophone, le silence qui l'enveloppait comme une aura aurait dû me mettre sur la voie. Elle pouvait d'ailleurs ressembler à une mallette de voyage. À la tête du lit était posé un coussin où les mots *je t'aime* étaient délicatement cousus. Tendre déclaration amoureuse à l'aspect enfantin. Lit de sexe et d'amour, autel de naissance et de mort, voilà ce qui me traversait l'esprit. Cette chambre était comme un antre, un ventre qui me contenait. Mon corps y était engagé. Je pouvais m'entrevoir dans un miroir oblong, posé dans la pièce. Ce procédé produisait un effet de captation, presque d'emprise. Je pensais à l'araignée géante croisée quelques instants plus tôt dans l'exposition. Étais-je pris dans la toile de l'artiste, étais-je devenu une sorte d'insecte capturé par ce dispositif ? L'œuvre était comme une toile d'araignée dont les fils reliaient également les choses les unes aux autres, une sorte réseau associatif. Réseau qui permettait d'y ajouter mes propres associations d'idées. Dans le miroir, je me surprenais moi-même en position de voyeur, d'intrus, prenant conscience de mon acte, de ma position dans cette sorte de dispositif. Le miroir produisait réflexivité et réflexion.

L'impression était de me retrouver face à un espace du passé qui avait été reconstitué par l'artiste, un lieu de son passé modelé par son imaginaire. Le souvenir est une reconstruction. On pressentait qu'elle nous présentait quelque chose de son enfance, nous livrant une part de son intimité. L'atmosphère qui régnait dans cette chambre nous faisait ressentir ses liens et ses sentiments envers ses figures parentales. Le mot *amour* s'inscrivait en toutes lettres, les affects agressifs et violents semblaient sourdre des rouges sanglants. Dans les objets présents, dans leur mode d'agencement, venaient s'incarner des affects. L'artiste n'avait pas construit un espace abstrait. On ressentait la concrétude des choses. Les objets, la matière sont les réceptacles du passé, de l'histoire. L'objet concrétisait dans cette pièce une mémoire matérialisée. Les objets ont une âme, dit-on. Face à ces choses intimes, on pouvait se sentir indiscrets, pas à notre place. L'étrangeté de certains lieux nous renvoie à notre position d'étrangers, nous qui nous croyons inscrits, installés dans le monde, ancrés dans nos certitudes. L'installation de Louise Bourgeois possède cette force de nous désinstaller en quelque sorte, de nous faire se sentir concrètement déplacés. Elle nous reçoit, mais nous laisse suspendus, cueillis par la surprise ; elle nous rappelle aussi à notre position de voyeur, à notre désir de voir. L'œuvre d'art peut nous ouvrir à une interrogation ou à une prise de conscience sur nous-mêmes. Dans *Red Room*, l'artiste me donnait à voir une partie de son histoire, un fragment de sa psyché, son cadre et son contenu. Mais cet exposé restait opaque à une compréhension claire. La force du secret réside peut-être, non en son contenu mais en ce qu'il résiste à son dévoilement. En même temps, quelque chose en émane, comme l'imminence d'un surgissement qu'on pressent... Une tension se crée dans cette proximité voilée, énigmatique. L'intelligence de ce travail

qui, comme une chambre recèle de multiples tiroirs et secrets, c'est qu'il produit un espace qui est à la fois un espace physique et un espace psychique. La psyché peut se représenter comme une scène ou plus classiquement comme une intériorité, un intérieur. En entrant dans *Red Room,* on pénètre dans une chambre, un souvenir, ou dans la psyché de Louise Bourgeois, dans son monde intérieur. Nous devenons des explorateurs de son espace psychique. Cette œuvre-lieu vient également rejoindre plus insidieusement nos propres fantasmes.
Je sentais dans cette chambre construite ou reconstituée, le poids du passé, sa présence palpable. Celui de Louise Bourgeois, au moins dans un premier temps. Car une sensation bizarre s'insinuait lentement. L'impression que cette chambre s'infiltrait dans ma propre mémoire. Au-delà de ce qu'elle convoquait en moi de souvenirs, c'est comme si ce lieu pouvait m'apparaitre tel un souvenir personnel. Mais cette hypothèse demeurait incertaine, indécidable, il n'y avait personne d'autre en ces lieux que moi-même. Je me trouvais dans un décor sans autre corps que le mien. Les parents de la chambre se comptaient comme absents, le vide, l'absence, leurs voies blanches appelaient la présence. Était-ce en cela que naissait cette possibilité d'une forme de réminiscence personnelle ? Ce sentiment que cet espace me rappelait quelque chose d'enfoui dans ma mémoire, mais d'un caractère flou et incertain. Étrange que ce lieu inconnu puisse s'inscrire dans ma propre mémoire. Progressivement, je poursuivais l'exploration, l'observation de cette pièce. De part et d'autre du lit,

des sculptures de pierre, sphinx sans visage, aux délicats drapés, se faisaient face telles des sentinelles aveugles. Veillaient-elles l'Absence ? Ou quelque passé immémorial ? Sur une table plus loin, deux sphères de verres rouge et bleu posées sur des tiges de métal, évoquaient une vierge à l'enfant froide et abstraite face à un petit miroir. Répétition de la captation spéculaire, effet miroir renvoyant l'œuvre à elle-même, créant une chambre d'échos ? À proximité, une grande forme longue de couleur ivoire, scandait l'ensemble d'un trait vertical. Elle avait l'aspect d'une griffe ou d'une dent très effilée, rappelant la mâchoire sanglante de *Destruction of Father*, œuvre emblématique de l'artiste et significative de son rapport au père. Cette chambre serait-elle un autel sacrificiel ? Des figures parentales ? Le lieu originel est-il un tombeau ? Cette œuvre est un lieu de mémoire, mettant à jour le travail du temps qui tisse et dévore. Elle joue sur un effet d'étrangeté. Elle a une dimension réaliste et pourrait ressembler à une chambre réelle, reconstituée. Mais en même temps, surtout du fait de certains détails ou éléments, on perçoit bien qu'elle est une création, une œuvre d'art. Des objets-souvenirs concrets se mélangent à des productions imaginaires. Il y avait là pour moi à l'époque, quelque chose de déstabilisant. La présence, le présent semblaient vaciller. J'apprécie ces moments où l'art vient briser nos habitudes de perception et de réception. Il nous ouvre de nouveaux horizons, là, paradoxalement, dans cette pièce fermée éveillant presque un sentiment de claustrophobie. L'œuvre nous déshabitue, nous désinstalle comme je te le disais plus haut.

On peut mettre en correspondance les termes d'habitat et d'habitude. Encore une fois on pourrait faire référence à l'inquiétante étrangeté de Freud. La reconnaissance de l'identité est troublée, l'altérité s'y glisse. Dans *Red Room*, nous sommes à la fois situés, presque encerclés par un ici prégnant et terriblement déportés dans un espace étrangement inhabituel. Notre moi semble plongé dans un autre. Sommes-nous chez un autre ou dans un chez soi déformé, presque méconnaissable ? Dans le présent ou dans le passé ? Si nous habitons certains lieux et qu'en retour ils nous habitent, dans *Red Room* je me suis senti habité et déshabité, si j'ose ce terme inventé.
Le projet *Cells* propose une série d'œuvres dont la production débute dans les années 90. L'artiste crée des espaces, des lieux qui se réfèrent à son histoire personnelle. Elle construit des pièces plutôt petites dans lesquelles le spectateur peut circuler ou non. Les cloisons sont formées de panneaux de bois récupérés dans des maisons abandonnées ou dans des théâtres, d'autres sont fabriquées avec des grillages ou des panneaux vitrés. Se décline un jeu entre dedans et dehors, entre ouverture et fermeture. Depuis Aristote, le lieu se définit toujours par cette notion de délimitation entre un intérieur et un extérieur avec une enveloppe qui en définit les limites et le contient. Il permet une délimitation et une différentiation. L'intérieur s'articule toujours avec un dehors. Existe un contenu, un contenant et un autour-alentour. Certaines cellules sont ouvertes, on peut y pénétrer et y circuler, d'autres sont closes et simplement ouvertes au regard. Dans ces dernières, l'intimité

reste en quelque sorte préservée. Les œuvres de Louise Bourgeois sont une forme de mise en scène de l'intime. L'artiste travaille sur la dialectique « privé » et « public ». Ce dévoilement de l'intime, cette exhibition, reste toujours dans son œuvre empreinte d'une certaine pudeur et réserve. Les références à sa vie personnelle étant le plus souvent peu explicites. Certains lieux ont beaucoup compté pour Louise Bourgeois, en particulier la maison de son enfance à Choisy et le lycée Fénelon. L'immeuble de Choisy intégrait la maison d'habitation proprement dite et l'atelier de restauration de tapisserie où travaillaient ses parents et où Louise a débuté ses activités artistiques. Dans le cycle *Cells*, elle a représenté sa maison de Choisy dans une maquette en marbre, encagée et surmontée d'une impressionnante guillotine. Les sentiments de nostalgie vis-à-vis de l'enfance sont contrebalancés par ce symbole de la coupure par excellence. L'artiste a d'ailleurs quitté la France pour les États-Unis assez tôt, pour s'éloigner de sa famille et du *vieux monde*. Tous les thèmes de son œuvre sont inspirés par son enfance, écrira Louise Bourgeois. L'art restaurerait l'innocence et la virginité de l'enfance, mais c'est « l'innocence perdue d'un criminel » ajoute-t-elle. On sent pointer le petit Œdipe. Il existe une ambivalence nette chez l'artiste entre attachement au passé et désir d'émancipation. « Être adulte c'est être libre ». On se doit d'être actif face à son passé pour le sublimer, s'en séparer. Mais elle dit aussi être restée une femme-enfant et parle de reconstruire une partie de son histoire pour l'exorciser. Ce propos peut s'appliquer aussi

évidement à *Red Room*. Louise Bourgeois dira de *La guillotine de Choisy* qu'elle symbolise « le passé guillotiné par le présent ». Faut-il aussi y chercher un geste de condamnation ? L'instrument est aussi le symbole de la révolution qui, pour exister, nécessite une mise à mort des représentants du pouvoir en place. La révolution en art passe par une rupture avec les modes de création antérieurs, avec ses prédécesseurs, ses ainés.
Louise Bourgeois a développé le thème de la maison dès les années quarante avec la série des *Femmes-maisons*. Elle crée des entités hybrides où la partie haute est constituée d'une maison et la partie basse d'un corps féminin. Ce sont des cadavres exquis à deux termes : architecture et corps de femme. L'architecture peut être considérée comme la création de contenants qui renverraient au ventre maternel. Dans ce travail, l'artiste femme dénonce la condition féminine qui est culturellement attachée au foyer. Ce serait une critique de la position aliénée de la femme. La demeure comme lieu de recueillement questionnerait la notion d'identité dans son rapport à l'intériorité. Louise Bourgeois joue aussi ici, sur la dialectique indémaillable du montré-caché. « La *Femme-maison* est en parfaite contradiction avec elle-même parce qu'elle croit se cacher alors qu'elle se montre ». À voir ces œuvres, on pourrait dire que ces femmes justement, débordent concrètement leur cadre domestique, qu'elles n'y entrent pas tout à fait. Louise Bourgeois a toujours gardé des réserves avec les mouvements féministes, alors que son travail a été souvent utilisé par ces derniers. Plus subtilement, ces *Femmes-maisons*

viennent interroger la frontière entre les êtres et les choses. Y retrouverait-on le concept marxiste de réification, si typique selon lui des sociétés capitalistes qui finissent par traiter les gens comme des choses ? Je pense qu'aborder la place prééminente de l'objet au XXe siècle ne peut faire l'impasse d'une réflexion sur ce concept. Sans être féministe, Louise Bourgeois est dans une position d'affrontement, de conflit avec les hommes. Le monde de la sculpture – et Louise Bourgeois est avant tout sculptrice – est un monde dominé par les hommes. Elle doit y faire sa place et s'y affirmer. « Émulation, défi, compétition, rivalité, jalousie, agressivité », c'est ainsi qu'elle décrit sa relation à ses collègues. Si elle reconnait une influence ou une dette vis-à-vis de certains, s'y mêle de la moquerie ou du mépris. Charcot, Lacan, Breton, Duchamp, Léger sont pour elle des figures paternelles, qui ont été moteurs de son travail ; mais elle les raille comme des *Don Juan* moches et ridicules avec qui elle est entrée en conflit. « Je me suis moqué d'eux, c'était ma spécialité », écrit-elle. Sa relation à la gent masculine est très influencée par la relation à son père qu'elle aimait et détestait. On retrouve chez elle une relation œdipienne assez classique. Une preuve de son attachement est qu'elle a toujours gardé le nom de son père, pour que lui qui n'a pas pu avoir de garçon, puisse avoir un petit garçon à son nom. Par ailleurs, elle reproche beaucoup de choses à son père, et surtout de ne pas avoir respecté les règles, de les briser sans arrêt. En particulier, en ayant introduit sa maitresse au sein de la famille. Louise Bourgeois en parle comme d'une « fissure dans la cellule familiale ». Ce mot de cellule familiale rentre en résonnance avec les *Cells*, les Cellules. *Red Room* serait-elle une tentative de réparer ce qui a été pour l'artiste un véritable traumatisme. L'œuvre ayant peut-être une fonction réparatrice, celle de tisser autour d'un « trouma ». Louise Bourgeois craignait le départ de son père du foyer. Elle a développé une terrible peur de l'abandon. Cette liaison affichée, l'installation de la maitresse au sein de la maison fera naître chez Louise Bourgeois un sentiment d'hostilité envers son père et envers sa mère qui semble accepter la situation. Elle évoque cet épisode central de son enfance dans *Child abuse*. Son père étant aussi accusé de trahison, car il avait donné à sa maitresse le rôle de gouvernante pour Louise, ce qui ne semblait qu'un arrangement pratique pour lui. Cette femme, elle aussi détestée, a été vécue comme une rivale. Louise rêvait de lui tordre le cou. Le motif récurrent de la spirale dans le travail de l'artiste pourrait venir de cette motion meurtrière. Cette figure serpentine s'accroche à d'autres thèmes comme l'instabilité, la désorientation et le vertige. Une autre raison que Louise Bourgeois avait d'en vouloir à son père, est que celui-ci désirait un garçon. Il était déçu d'avoir eu une fille et le faisait savoir en public. « Une fille est une déception, tout le monde sait ça » disait-il. Son père avait pris l'habitude, à la fin du repas, de sculpter une mandarine, prétextant faire le portrait de sa fille. Il y laissait un petit appendice et s'esclaffait en disant : « Je suis vraiment désolé. Je pensais faire le portrait de ma fille, mais ce n'est pas le cas car elle n'a pas grand-chose ici ».

L'enfant en était humiliée et mortifiée. Louise Bourgeois a pu exprimer le désir de détruire son père, de le dévorer. De ce fantasme, elle a fait œuvre et l'a intitulée, *Destruction of father.* C'est la mise en scène d'un véritable repas totémique, scène de dévoration du père. L'autre œuvre significative de sa relation aux hommes, ou plus précisément à la masculinité, est ce grand phallus sculpté que l'artiste intitule *Fillette*. Est-ce une réponse aux regrets supposés du père ? Si Louise Bourgeois n'a pas de phallus, elle s'en construit un. Appeler cette sculpture *Fillette* est-ce une moquerie vis-à-vis du symbole masculin et de sa puissance ? Louise Bourgeois, sans être féministe, conteste l'ordre dominant masculin. Est-ce une représentation d'elle-même comme enfant : le phallus de la mère ? D'ailleurs, il existe une photographie célèbre de Mapplethorpe où elle tient son phallus *Fillette* dans ses bras comme un bébé. Elle porte littéralement l'attribut masculin. Notons que ce phallus est féminisé autrement que par son nom, puisque Louise Bourgeois y sculpte une fente toute féminine. La sculpture comme chose érigée ne renvoie-t-elle pas au phallique ? Dans une visée dialectique, on pourrait avancer dans ce sens que les cellules, dans leur aspect ventral renverraient au féminin. *Red Room*, avec sa construction circulaire, faite de panneaux de bois, a d'ailleurs l'aspect d'une enceinte. Enceinte : on voit ce que la langue française permet d'associations à travers ce terme. Pour en rajouter, ne dit on pas parfois qu'un artiste accouche de ses œuvres ? Pour revenir rapidement sur *Fillette*, il faut rappeler que Louise Bourgeois s'est intéressée à la notion d'ambiguïté sexuelle ou de bisexualité. « Nous sommes tous homme-femme » affirme-t-elle. Elle fusionne souvent dans ses œuvres des formes féminines et masculines, comme autrement des formes organiques et géométriques, au-delà du rapprochement classique sein-pénis. Elle-même se sent homme et femme. « Quand j'ai peur, je fais appel à des moyens plutôt masculins, quand je n'ai pas peur je suis très femme ». Son identification sexuelle varie selon le contexte et sa position subjective. L'œuvre *Janus fleuri*, qui serait un autoportrait, met en jeu ces dialectiques thématiques et formelles entre masculin et féminin. Le dieu Janus a deux visages. La sculpture est constituée de deux pénis flasques avec, en son centre, une fente vaginale et une toison. Le dieu Janus peut signifier la guerre ou la paix, l'actif ou le passif, l'ouverture ou la fermeture. Son double visage est tourné à la fois vers le passé et l'avenir. On retrouve ici la double polarité de l'artiste, sa nostalgie et son modernisme. Avec le temps, Louise Bourgeois évoluera vers une position plus féminine, plus douce à ses dires. Elle utilisera des formes plus rondes, plus douces, des matériaux plus mous, et dans ce sens plus féminins pour Louise Bourgeois, comme par exemple, ces corps faits de tissus grossièrement cousus, aux couleurs roses et de textures molles. Elle se critiquera a rétro d'avoir trop voulu faire l'homme et s'identifiera alors à ses *Femmes spirales* : sans références, fragiles, désorientées, flottant dans l'air. Mais ce ne sont que des moments dans les incessantes et multiples métamorphoses de Louise Bourgeois.

Cells rentre dans la catégorie des installations qui élargissent le champ de la sculpture. J'ai déjà souligné que cette artiste travaille à partir de son propre passé, mais aussi sur ce qu'elle appelle ses traumatismes de l'enfance. Ses souvenirs sont les matériaux de son œuvre. Elle élabore un travail de mémoire, de cette mémoire qui est « pleine de trous » écrit-elle. Il est intéressant de noter que Louise Bourgeois a commencé à travailler enfant dans l'atelier de restauration de tapisserie et que son activité consistait à compléter des fragments disparus. Son travail se déploie autour d'un manque. Elle produit un véritable travail de restauration, à entendre aussi sur un mode psychique. Elle-même évoque le concept de sublimation, cher à la psychanalyse. « L'art est une garantie de santé mentale » trouve-t-on inscrit sur un de ses dessins, ou « L'artiste a un accès particulier à l'inconscient et une capacité de créer ». Les deux vont-ils de pair ? Les surréalistes et les romantiques puisaient leurs ressources artistiques dans l'inconscient, dans le monde de la nuit et du rêve. L'art provient aussi d'un désir de créer. Enfant, pour oublier les disputes de ses parents, elle commence à modeler des personnages sous la table. Face à certaines scènes violentes, elle se sent au bord de la désintégration. Elle perçoit une « force volcanique » qui la traverse et qu'elle tente d'amadouer. Elle tente de sublimer, de donner forme à ses conflits internes, à ses pulsions sexuelles et agressives. Elle est consciente de son ambivalence : haine, amour. Elle en fait le moteur et la dialectique de son travail de sculpteur. Une de ses grandes installations, qui s'intitule

I do, I undo, I redo, nous livre le principe de sa création : faire, défaire, refaire. Elle décrit deux pôles dans son activité : l'attaque et la destruction, l'assemblage et la réparation. La sculpture en taille directe correspond à la première, le polissage, l'assemblage à la seconde. On trouve chez l'artiste une tendance à détruire le lien, l'objet et une tendance à le préserver, le soigner, le restaurer, sous fond de culpabilité. L'ambivalence vis-à-vis des objets d'amour, se met en acte, s'actualise dans le matériau. « Vous retranchez en taillant, ce qui est agressif, puis vous polissez en prenant soin, en veillant à son bien-être ». On retrouve dans cette citation, l'assimilation de l'objet sculpté à un sujet. Ou encore : « L'assemblage se distingue de la taille directe, là il ne s'agit pas de s'attaquer aux choses, mais de s'accorder à elles ». Dans la série *Cells*, on pourrait supposer que c'est la force de restauration qui domine, puisqu'il est question de réunir et d'assembler des éléments, mais les deux forces coexistent toujours.

L'installation est un genre qui s'est créé et développé au XXe siècle. *Cells* rentre dans cette catégorie. Il permet d'associer différents médiums, il est un lieu de rencontre entre différents domaines. Peintures, sculptures, objets, vidéos, musique s'y trouvent réunis. On tend vers un art total. L'installation élargit le champ de la sculpture, elle crée de véritables environnements où les différents sens sont convoqués, au-delà du regard. C'est le corps du spectateur lui-même qui y est engagé. On rentre réellement dans l'œuvre. L'installation réalise peut-être ce rêve ancien de pouvoir rentrer dans le tableau. Dans certaines instal-

lations, le spectateur active l'œuvre, la module, la produit. On peut s'y déplacer, l'habiter un moment, et pourquoi ne pas s'y installer. Le spectateur prend conscience de son rapport à l'espace et aux lieux. Il expérimente son rapport à un milieu, à un environnement de manière interactive.
La sculpture elle, renvoie au volume, au modelé de formes, principalement anthropomorphes. Depuis la préhistoire, elle traite de la représentation du corps. Elle s'en détachera, peut-être s'éloignant plus du corps humain, pour aller vers l'architecture ou l'abstraction. Historiquement la sculpture traite de la représentation du corps. La sculpture est souvent une forme monolithique. Les œuvres de Louise Bourgeois appelées *Totems*, avec leur caractère phallique en sont un exemple. La sculpture est du côté du volume et de la présence, même si elle joue sur la dialectique du plein et du vide. Elle est posée, elle se dresse. Elle marque un lieu, d'où son caractère commémoratif. La sculpture monolithique, d'un seul bloc, se situe dans un environnement. Elle le définit, l'organise. Très tôt, Louise Bourgeois regroupera plusieurs sculptures ensemble pour créer un environnement spatial où le spectateur peut déambuler. Mais avec le cycle *Cellules*, Louise Bourgeois va plus loin dans la création d'espaces, de lieux. On peut parler d'une tentation architecturale. Louise Bourgeois s'est beaucoup intéressée à l'architecture, en particulier celle de Nicolas Ledoux et d'Etienne-Louis Boullée. L'architecture, pour elle, s'associe à la mémoire, reprenant un thème ancien déjà exprimé par Saint Augustin. Les lieux sont des lieux

de mémoire. Ils gardent trace de l'histoire, sont imprégnés du passé, en sont des contenants. *Cells* signifie petites chambres ou cellules. On y entend le caractère d'emprisonnement et d'isolement, et comme je l'ai déjà souligné aussi, une connotation organique. Si les *Cells* s'associent au corps, il s'agit ici d'un corps absent, éludé. Pour *Red Room*, la référence à la scène primitive qui a une dimension traumatique, saute littéralement aux yeux ; tous les commentateurs en font référence. Il s'agit explicitement de la chambre des parents. Il faut rappeler que l'œuvre comporte deux pièces, la chambre des parents et celle de l'enfant. La chambre parentale qui peut recéler le mystère de la sexualité et de la procréation, ce lieu originel en quelque sorte attire la curiosité de l'enfant. S'y associent interdit et désir de transgression. Le désir de voir et de savoir s'articule, pour Freud, à la curiosité sexuelle.

Cette œuvre, je te le rappelle, s'associe au passé, à la mémoire. Peut-être plus que la chambre parentale reconstituée et métamorphosée par l'imagination de Louise Bourgeois, l'artiste nous en présente un souvenir incarné. Elle nous fait sentir l'atmosphère de la vie familiale de son enfance, nous dévoilant ses sentiments intimes envers ses parents. L'œuvre est peut-être un monument dédié à ceux qu'elle aime et déteste à la fois. Le petit coussin brodé fait office de déclaration d'amour. La *Red Room* réveille la mémoire, déclenche les réminiscences. Louise Bourgeois dit que le travail du sculpteur consiste à réveiller la matière en sommeil. Certains philosophes ont associé matière et mémoire. L'art donne-t-il parole aux choses ?

Les différents objets et sculptures rassemblés dans *Red Room* permettent une forme de libre association. En dehors de la métaphore de la toile d'araignée, je pensais à une des maximes du surréalisme, tirée des *Chants de Maldoror* de Lautréamont : « beau comme la rencontre fortuite d'un parapluie et d'une machine à coudre sur une table de dissection ». Face à une œuvre d'art, on peut essayer de comprendre le sens de l'œuvre, tenter dans un travail herméneutique d'interpréter sa signification, en posant l'hypothèse d'un sens manifeste ou crypté qu'elle contient, tout en acceptant un fond de non-sens. Une polysémie sur fond d'énigme. La phrase de Lautréamont nous évoque d'ailleurs une construction purement aléatoire ou contingente. Face à l'œuvre, c'est de se laisser aller plus librement à ce qu'elle nous inspire personnellement. Tout ceci s'accordant évidemment à l'effet de l'œuvre sur notre perception et sensibilité, aux émotions, au plaisir ou déplaisir qu'elle suscite. C'est ce que j'ai fait, en évoquant mon premier contact avec *Red Room*. D'où cette description très subjective de l'œuvre. Mais il n'y a pas d'objectivité possible dans notre rapport à la création artistique. Ce qui n'empêche pas un jugement de goût sur sa valeur. L'appréciation d'une œuvre d'art fait appel à notre sensibilité et à notre intellect. Marcel Duchamp disait que c'est le regardeur qui fait le tableau. On pourrait dire que le spectateur participe à l'effectuation, à la création de l'œuvre. Dans la tradition talmudique, l'homme n'est pas seulement le parachèvement, le sommet de la création du monde par le divin, il lui revient la tâche de poursuivre la création et de l'achever. On peut transposer cette idée à la réception de l'art. Le spectateur amène sa touche personnelle, il poursuit la création. L'œuvre n'est pas un produit fini, clôturé. Elle est reçue, existe par cette réception et plus encore est transformée par le spectateur. Elle est à la fois unique et plurielle. *Red Room* se prête à ce jeu d'associations d'idées, à des créations de sens, à l'expérience de diverses sensations. Les objets rassemblés ont à la fois leur concrétude propre, mais laissent ouvert un nouvel habillage imaginaire. « La relation d'une personne à son environnement est pour moi une chose cruciale », dit Louise Bourgeois, « elle peut être réelle et imaginaire », les choses présentes sont à la fois des objets usuels et des sculptures. Se mélangent des objets trouvés, chers aux surréalistes, des objets que l'on pense avoir appartenu à l'artiste, et des sculptures de l'artiste. Les statuts des objets rassemblés sont multiples mais les frontières qui les séparent deviennent floues. Faut-il d'ailleurs saisir les éléments séparément dans leur forme sensible et leur signification ou ne peut-on les appréhender que comme éléments signifiants d'un ensemble, c'est-à-dire sur un mode structuraliste ? En tant que spectateur, nous avons de toute façon, tendance à chercher des rapports, des relations entre ce qui est posé, assemblé sous nos yeux. Pour paraphraser l'expression « lire entre les lignes », on pourrait dire ici, voir, imaginer entre les choses. Ou pour reprendre un terme cher à l'artiste, tisser des liens entre les choses, lien de sens, lien formel, lien poétique. Les objets de la *Red Room* sont en quelque sorte, des signes, ils nous font signe. Même s'il faut garder à l'esprit qu'on pourrait aussi les appréhender comme des choses muettes et considérer l'œuvre uniquement dans une dimension formelle, hors de toute signification. Ce n'est pas ce que je fais ici. Mais justement, amusons-nous un peu avec quelques éléments ou objets de la *Red Room*. Le petit train par exemple. Il peut signifier plusieurs choses : c'est un jouet, en ce sens il se rapporte à l'enfance, un jouet offert en général aux garçons. Je t'ai évoqué cette problématique plus haut : le train a sans doute une connotation sexuelle. Le rail tronqué peut-il évoquer le coté éphémère de l'existence, est-il un motif du départ, du voyage ? L'élément de cette émancipation nécessaire de cet univers enfermant. Il est sans doute tout cela à la fois. Comme dans un rêve, il est le reflet d'un travail de condensation. La larme en résine dont j'ai parlé tout à l'heure a quelque chose d'informe ; elle est transpercée d'une aiguille et rappelle un motif présent dans un tableau de Max Ernst intitulé *Œdipe roi*. Une référence œdipienne donc. Mais elle fait écho à une autre aiguille, liée à un fil rouge, plantée dans la pièce, presque imperceptible : le fil, l'aiguille se rapportent à l'histoire de l'artiste. Drôle de « fil rouge » planté là plutôt pour nous désorienter. Mais cette forme étrange, tel un sac transpercé et vide, peut s'associer à une réflexion de Louise Bourgeois sur son identité quand elle écrit « Ma féminité est rongée par les mites… rongée de l'intérieur comme un œuf percé d'une aiguille et aspiré jusqu'à la dernière goutte ». Même si le féminin renvoie à un trou, à une béance, à quelque chose qui échappe au symbolique, on entend ici un vécu plus inquiétant qui touche au corps...

Aucun élément de *Red Room* n'est univoque. Cette chambre est le lieu de multiples résonnances, *raisonnances*. Il est vrai que l'interprétation et son excès peuvent s'associer au délire. Le sens peut finir par s'affoler. Donc je n'irai pas plus loin.

J'aimerais te dire quelques mots de la chambre attenante, la *Red Room child*. Je ne rentrerai pas dans les détails. Ce sera juste le prétexte pour reparler du tissage et de la mère. Il ne faudrait pas l'oublier. Deux motifs dominent l'ensemble : des bobines de fils rouge et des sculptures de mains entrelacées d'adultes et d'enfants. Plus un objet qui s'y ajoute, une paire de gants où est inscrit : « toi » et « moi ». Au fond, le fil, la main, le nouage sont le reflet sans doute de la relation à la mère. Louise Bourgeois a commencé son apprentissage dans une manufacture de tissu où travaillait sa mère. Le tissage prendra une place très importante dans sa carrière. Voilà ce qu'elle dit de sa mère : « Ma meilleure amie, intelligente, patiente, rassurante, délicate, travailleuse, indispensable et surtout tisserande comme une araignée. » Tu connais sans doute les sculptures d'araignée de Louise Bourgeois, qu'elle nomme *Maman*, dont certaines sont gigantesques. Ce sont aussi des portraits de sa mère. Elle lui donne un aspect inquiétant, tout puissant, tentaculaire. La mère apparait à la fois comme protectrice et dévorante. Rappelons que certaines araignées peuvent dévorer le mâle après la procréation. On retrouve l'ambivalence de Louise Bourgeois envers sa mère dans cette figure de l'araignée.

Red Room tient de l'espace, du lieu, de la remémoration. En tant qu'archétype, la chambre des parents est, disons-le ainsi, un lieu commun. Le spectateur pénètre dans un lieu qui lui rappelle forcément quelque chose, un lieu dont il a pu un jour se sentir exclu. Rentrer dans *Red Room* c'est comme braver une sorte d'interdit, le voir se teinte d'une forme de transgression. Cette installation a aussi un aspect théâtral. On se retrouve face à une scène dont on est spectateur. Les panneaux de bois servant à sa construction auraient été trouvés dans un théâtre. Louise Bourgeois veut nous faire ressentir notre position de voyeur. Y règne aussi un « ne pas y toucher », c'est une enceinte qui garde un caractère sacré, tabou… Autant que la chambre parentale, c'est l'œuvre d'art qui garde malgré sa diffusion « démocratique » un caractère sacré… On peut parler dans *Red Room* d'une scénographie de l'intime. En même temps, ce lieu garde son secret et ainsi une forme d'autorité. On s'y sent tout petit. Manœuvre réussie d'un retour à l'enfance.
Je voulais te montrer à travers une œuvre que j'apprécie, la qualité que peut atteindre l'art contemporain. Je réponds à des questions plus générales par l'analyse d'une œuvre particulière. Juste pour te prouver que certaines œuvres sont très élaborées, voire érudites. Elles résonnent de manière forte et sincère. Elle ne pas sont vendues au marché, ni bricolées uniquement à des fins de réussite ou de reconnaissance personnelle. Même si, comme chacun d'entre nous, l'artiste vise aussi une forme de reconnaissance. Tu cites dans ta lettre Annette Messager, j'aurais pu aussi te parler d'elle. Je pense également à Rebecca Horn,

dont on pourrait discuter ; je ne sais pas si tu connais cette créatrice.

À très bientôt, amicalement,
Philippe

Arles, le 18 décembre 2012

Cher Philippe,

J'ai encore tardé à écrire. Je pourrais dire que c'était pour peaufiner ma réponse, pour amener à plus de maturation mon point de vue qui évolue au fil de nos échanges. Refuser l'instantanéité, le trop vite, le bâclé et les idées *Ready-Made.* Peut-être !
Tu poses la nécessité pour le spectateur de posséder un certain nombre de clés. Je partage ce constat et je me suis tournée, durant ce temps de maturation de ma réponse, vers d'autres auteurs tels que Jean Clair, Marc Jimenez...
Il y a quelque temps, j'aurais déploré cette nécessité d'avoir des clés de compréhension, arguant que si une œuvre ne touche pas d'emblée, si elle a besoin d'une grille de lecture, elle ne remplit pas son office.
Oui. Mais non.
Nous avons déjà évoqué le fait que l'art a toujours été confronté à un système de normes. Il ne s'agit pas seulement de normes : de tout temps, l'art a contenu un certain nombre de symboles, de codes indispensables pour être appréhendé. Il s'agissait de références symboliques, culturellement, peut-être même historiquement admises, partagées. Et pour ceux qui n'avaient pas les clés, l'œuvre figurative pouvait toujours raconter une histoire.

Les clés que tu utilises pour entrer dans l'œuvre de Louise Bourgeois sont psychanalytiques. Intéressantes

pour ce qu'elles renseignent sur l'œuvre et l'artiste, voire même notre monde, significatives pour ce qu'elles nous enseignent de nous-mêmes, elles marquent aussi le détachement par rapport à des conventions qui faisaient sens pour le plus grand nombre.
Quoique.
Louise Bourgeois, comme la grande majorité des artistes d'aujourd'hui, puise son inspiration en elle plus que dans son environnement. Changement de source. De paradigme aussi. L'œuvre intimiste nécessite que l'artiste se centre sur lui-même, s'écoute, s'observe au lieu d'observer ce qui l'entoure et d'en rendre compte à sa manière sensible. L'artiste explore son intimité, celle dont l'accès est souvent bouché, même pour ses propriétaires, et le témoignage de sa plongée au plus profond de lui est offert au spectateur qui reçoit l'écho.
Ego-Écho.
Ces œuvres intimistes témoignent cependant et peut-être malgré elles, de l'évolution de notre société individualiste. Chacun ramène tout à soi, comme les enfants avant que la pensée magique ne les quitte, qui croient que le monde tourne autour d'eux. L'œuvre d'art de Louise Bourgeois dont tu parles, *Red Room*, entraîne le spectateur au plus profond de lui, comme elle a été au plus profond d'elle-même. C'est une aspiration, une force centripète, le contraire de l'ouverture. Non seulement des artistes comme Louise Bourgeois nous livrent leur intimité, développent un style personnel qui échappe aux conventions, mais en prime, ils inventent leur propre grammaire,

imaginent une géométrie qui leur convient. Comme si les mots à notre portée étaient insuffisants à dire ce que nous sommes sous l'enveloppe de chair.
En analysant l'œuvre de Louise Bourgeois, tu as entrepris quelque chose de courageux : accepter de parler de toi, de ton vécu, de ton ressenti.
C'est là que l'art est très fort : la démarche personnelle et égocentrique de l'artiste est l'occasion d'un vrai partage, presque d'une communion. Alors qu'il ramène à soi, il ouvre aux autres. Alors qu'il se défait de liens académiques, il permet de prendre conscience de nos propres liens pour nous en défaire ou mieux les assumer. Alors qu'il invente un nouveau langage, il invite à l'échange et au partage. Et ce langage si personnel nous amène devant une évidence : nous sommes semblables, nous éprouvons des émotions et des sentiments qui nous rapprochent.

Une fois de plus, tu me conduis à casser mon cadre de référence, à remettre en cause mes avis rapides de béotienne attachée à des conventions étroites, parfois étriquées. C'est la deuxième fois que s'opère ce retournement. Toujours à propos de l'œuvre de Louise Bourgeois.
Tout de même, il reste un différend me semble t-il, à propos de Marcel Duchamp. Tu évoques son œuvre dense et resserrée. Je n'ose plus te contredire ! Peut-être. Je lui connais peu d'œuvres en dehors de ses *Ready-Made*. Peu d'œuvres mais beaucoup d'écrits. L'amateur de Beaux-arts que je suis, peut à la rigueur reconnaitre les *Ready-Made* comme œuvre. Que ce soit de l'art, pourquoi pas.

Beaux-arts, je doute. La démarche de Duchamp est une démarche artistique, si l'on admet que l'art est une articulation du geste et de la pensée ; à ce titre-là, oui, je suis d'accord. Ceci dit, mon point de vue naïf et de l'ordre du bon sens commun n'a que peu d'importance puisque l'œuvre de Duchamp est reconnue par les experts. C'est peut-être là que je butte et ne suis pas tout à fait d'accord avec toi. Duchamp a fait couler beaucoup d'encre et ce sont ses écrits et toutes les polémiques autour de son œuvre qui l'ont fait entrer dans le champ de l'art. Je ne conteste pas son influence et l'intérêt de son œuvre. Mais ce que je retiendrais plutôt de lui, et c'est là que je le trouve génial, tout de même, c'est qu'il pointe avant tout le monde, une dérive technologique et technocratique qui évacue l'humain, ses émotions et son savoir-faire, qui uniformise et abolit la personnalisation. L'homme ne fera jamais aussi bien qu'une machine dit-il, l'homme est imparfait et son œuvre imparfaite, mais la perfection est froide et sans âme. Il s'élève aussi avec humour, même s'il s'agit d'humour noir ou d'ironie et de provocation, contre les experts de tous poils et les institutionnels qui font la pluie et le beau temps dans le milieu de l'art. Avec ses œuvres, il soulève donc, selon moi, la question de l'expertise qui est devenue particulièrement prégnante : faire d'un sujet un objet d'expertise, c'est le soustraire des compétences de tout autre public. À partir du moment où des critiques et des spécialistes de l'art ont toute légitimité pour décider ce qui est de l'art et ce qui ne l'est pas, ce qui est bon et ce qui n'est pas digne d'intérêt, le public se trouve *de facto* disqualifié et son avis se retrouve caduc. Le problème de nos jours, c'est que nombre de questions ont basculé dans le domaine de l'expertise rendant chacun de nous incompétent à de nombreux niveaux : plus question d'entretenir soi-même sa voiture, tenir sa comptabilité professionnelle ni de remplir sa feuille de déclaration de revenus. Tout s'est complexifié au point de rendre incompétent. L'art a été en quelque sorte précurseur avec l'abstraction, le cubisme et tous les courants qui ont suivi au grand dam des néophytes. Et des artistes qui ne sont pas élus !

Ainsi, comme l'œuvre de Louise Bourgeois, celle de Marcel Duchamp nous renseigne sur l'évolution de notre société, de notre rapport au monde et aux autres. Il me semble que Marcel Duchamp a agi, créé par provocation certes, mais surtout pour alerter sur le pouvoir excessif des experts, la disparition de savoir-faire, et l'uniformisation alors que Louise Bourgeois s'appuie sur des savoir-faire ancestraux acquis dans une entreprise familiale pour déposer un mal-être et permettre à d'autres d'en faire autant.

Marcel Duchamp trouve sa source d'inspiration dans la société, Louise Bourgeois dans la sphère privée, et au final, l'un et l'autre enrichissent notre connaissance du monde dans lequel nous vivons.

Ceci étant dit, s'il n'y avait pas eu les critiques et les experts, Duchamp serait sans doute encore un illustre inconnu et ses réalisations croupiraient dans les greniers. Et ces greniers seraient des lieux accueillants au regard du sort que l'on réserve la plupart du temps aux autres pelles, rince bouteilles et bassin de malade dont on ne veut plus ! Par ailleurs, ces critiques et ces experts qu'il a

notoirement et magnifiquement manipulés, l'ont finalement encensé. Pour le coup, c'est toi l'expert que je sollicite : n'y a-t-il pas un brin de perversité dans cette démarche ? Car enfin, il use de provocation, pratique l'ironie, mais surtout obtient ce qu'il cherche en trompant son monde ! Il se sert des gens qu'il critique et dénie ceux qui louent son génie. Puis, nous laisse des écrits où il prétend fuir ce monde de vanité, laissant ainsi à la postérité l'image d'un homme intérieur et désintéressé. Dans un livre paru en 2013, *La fabrique de l'homme pervers*, l'auteur développe le postulat que notre société consumériste, qui a fortement tendance à évacuer la figure du père (avec le rappel au devoir, à la loi, à la raison) au profit de celle de la mère (nourricière et attentive, mais aussi abusive, comme toute société de consommation), est une fabrique de pervers. Même s'il dénonce justement ce consumérisme, Duchamp ne serait-il pas une des premières victimes de notre société marchande ? Si je ne me trompe pas, son père a été un père absent et leurs rapports ont été difficiles. Quant à Louise Bourgeois n'a-t-elle pas eu de cesse, toute sa vie, de démentir le point de vue de son père à son égard ?
Je m'éloigne du sujet. À moins que je ne tourne autour pour l'aborder sous un nouveau point de vue, plus psychosociologique, qui fait intervenir un facteur supplémentaire : l'influence des premières relations, celles de l'enfant avec ses parents, comme déterminant des relations au monde de l'adulte. Les marchands et critiques ont-ils autant de responsabilité qu'on peut le dire dans l'évolution d'une

production artistique qui déroute, à défaut d'être en déroute ?

Marcel Duchamp, comme Louise Bourgeois m'apparaissent comme deux êtres écorchés qui se réparent grâce à l'art. Ils ne sont pas les seuls. D'une certaine manière, nous choisissons tous l'activité professionnelle qui va nous permettre de satisfaire nos besoins existentiels, et en quelque sorte nous soigner, réparer les désastres de l'enfance !

Notre monde qui vise la perfection, la satisfaction immédiate des désirs est en même temps celui où l'autorité s'exerce de moins en moins parce qu'elle est en permanence contestée, où les savoirs et les valeurs évoluent tellement que leur transmission semble inutile, où les rythmes et les modes de vie démultiplient les échanges sans pour autant favoriser l'écoute et les relations interpersonnelles. L'art est un refuge, un exutoire qui va permettre à certains d'exprimer ce qu'ils ne peuvent déposer ailleurs. Mais ils le font souvent sans cadre puisque plus rien ne fait autorité, sans bénéficier des connaissances que les générations d'avant trouvent dépassées et inutiles. Lâchés, sans père et sans repères dans un monde qui bouge, les plus jeunes, et donc les jeunes artistes, n'ont que leur égo comme appui pour tenir debout. Ils ont face à eux, des *adultes incertains,* qui avalisent les dérives et les débordements des jeunes et des moins jeunes par respect pour une individualité qui se cherche et qui ne peut le faire que tous azimuts par manque de guide.

« Mon père pardonnez leur, ils ne savent pas ce qu'ils font ».

Ni les uns ni les autres. Et le respect qu'ils croient se porter

n'est que la marque d'une mesure de protection. Chacun se replie sur soi et dit Amen à tout.
Repli égotique
L'individu incertain a peur de se tromper. Et l'inconscient est à l'œuvre.
Si Marcel Duchamp et Louise Bourgeois ont du génie, leurs suiveurs et ceux qui les encensent n'en ont pas toujours et le commun des mortels, inculte et délégitimé en matière d'art, n'a d'autre recours que de refuser en bloc une production qu'il ne comprend pas ou de se laisser berner en ayant l'air de s'y connaitre !
Et s'il n'y avait que les suiveurs : il y a aussi les récupérateurs, comme les mouvements féministes à l'encontre des œuvres de Louise Bourgeois.

Une question me taraude ensuite, celle de la profondeur d'une œuvre, les lectures multiples que l'on peut en faire... Je t'emmène, me semble-t-il, sur de nouvelles pistes où je t'attends comme éclaireur.

Dans l'attente de te lire, amicalement
Catherine

Amiens, le 17 janvier 2013

Chère Catherine,

Je partage ton avis sur le recours récurrent aux experts qui est un symptôme de l'époque actuelle. Nous sommes à la recherche de garanties au niveau du savoir. Nous cherchons des instances d'évaluation et de jugement qui garantissent une vérité. La science est aussi mise à cette place, de garantir une vérité objective. J'ai lu récemment un texte intéressant sur le lien entre la méthode expérimentale et l'appareil juridique. La méthode expérimentale nécessite aussi plusieurs témoins comme au tribunal pour la validation des faits en laboratoire... Le pluriel n'efface pas, selon moi, la dimension subjective. La validation d'une vérité est l'effet de procédures plurielles. Le savoir s'associe au pouvoir. Reconnaitre l'un, c'est reconnaitre l'autre. Le jugement d'un expert est à appréhender dans le lien qu'il entretient avec le pouvoir et les institutions en place, car derrière la vérité qu'il décrète, nous avons à décrypter la position qu'il défend.
Il faudrait entendre ex-pères dans experts et faire en sorte de s'en affranchir, pour ne surtout pas laisser auxdits spécialistes le monopole du jugement, et bientôt de la décision. Mais nous tombons ici dans des questions plus politiques. Nous avons en quelque sorte à nous autoriser de nous-mêmes, à relativiser le Savoir avec un grand S, et à ne pas tout déléguer à une autorité quelle qu'elle soit. D'autant plus dans la sphère esthétique. Si le jugement moral doit en passer par l'autre, nous sommes plus libres

dans les jugements de goût. Pour exemple, dans cette correspondance avec toi, je ne m'exprime pas en tant que spécialiste mais déploie un point de vue selon ma perspective, qui n'a pas don d'ubiquité, et n'a donc rien de général.
Mais revenons à nos non-moutons. À Marcel Duchamp, en l'occurrence. Son cas t'intrigue et tu as raison. Il interroge sur de nombreux points, en particulier sur cette notion de singularité. Ce sujet m'intéresse beaucoup. Tu remarques, en reparlant de l'œuvre de Louise Bourgeois, comment une singularité peut rejoindre l'universel. J'aimerais développer une rapide analyse sur ce point.
Existe-t-il une singularité absolue dans le monde de l'Art ? Autrement dit, une œuvre sans référence à une autre œuvre, à un style ou à un courant ? Une œuvre qui serait hors catégorie, détachée de son contexte esthétique, social et historique. Cela semble bien difficile à envisager. Une singularité serait un élément d'un ensemble qui ne se rattache à rien de cet ensemble. Une chose incomparable, qui ne ressemble à rien, en lien avec rien d'autre qu'elle-même. On pourrait à la rigueur parler d'une singularité forte en art, d'une œuvre qui se différencie fortement de son contexte de production et de réception. L'œuvre révolutionnaire, la grande œuvre est toujours une force en tension entre tradition et innovation. Elle rompt avec les conventions mais n'est jamais totalement détachée du contexte artistique pris lui-même dans un contexte plus large.
Pour Alain Badiou, la singularité est ce qui est en rupture radicale avec sa situation et son contexte d'émergence. Elle est non seulement sans ressemblance avec les

éléments de l'état de la situation, mais également non comptabilisable comme possible dans la situation. Elle serait l'inattendu au sens strict, l'avènement d'un impossible réel, un évènement. Cette vision radicale de la singularité est à relativiser. Pour Badiou, il existe deux types d'évènements : la singularité simple qui s'évanouirait à l'instant de son émergence (on peut penser dans le monde de l'Art à l'improvisation jazz ou au *happening*, par exemple) et la singularité forte qui produit un monde nouveau, un nouvel état de la situation, une nouvelle catégorie de vérité (cela semble le cas de l'urinoir de Marcel Duchamp dont je vais parler).

Lacan pour évoquer la notion de singularité dans l'art, choisit *Finnegans Wake* de Joyce. Il s'appuie sur cette œuvre littéraire pour développer le concept de *Sinthome*. *Finnegans Wake*, ce *work in progress* (œuvre en chantier permanent) ferait sentir la dimension de la jouissance, en serait l'écho. L'œuvre se désinscrirait du réseau symbolique faisant surgir un hors sens, un fragment de réel. Encore faudrait-il peut-être entendre ce hors sens non comme une extinction du sens (ce que dément la lecture du texte), mais comme un sens hors de lui comme on dit « être hors de soi ». Une forme d'explosion, de bouillonnement de sens, un affolement du sens et des sens. Une dérive sans fin. Jeu de langage, de réécriture qui crée plus d'accumulation intensive que d'effacement ; un jeu de dispersions et de disséminations. Ici, le sujet Joyce, son histoire personnelle semblent mêlés, entremêlés à l'histoire universelle, à l'histoire religieuse et mythique.

C'est par le signifiant du nom du Père que la jouissance s'inscrirait dans le sens, prenant un sens phallique. Le nom du Père aurait une valeur normative. Joyce resterait, lui, désabonné de l'inconscient. Dans *Finnegans Wake*, il produirait un texte qui ne ressemble à rien, qui ne dirait rien à personne, ne concernerait personne, n'éveillerait aucune empathie, prise au sens le plus large. L'œuvre serait une énigme, une hérésie (hors la loi) qui ouvrirait à l'impossible, donc à l'infini, du commentaire. Le texte serait inanalysable. L'œuvre ne se rapporterait qu'à elle-même, ne pourrait jamais devenir un exemple. La singularité, (le hors norme) se comprend ici comme située hors du champ symbolique, comme une monade fermée sur elle-même et en même temps, ouverte à un éternel recommencement.
L'œuvre mettrait à jour un réel nu, dévêtu du voile imaginaire, détaché de toute marque symbolique. *Finnegans Wake* resterait un cas unique, isolé, sans exemple. Une différence absolue, un « Tout mais pas ça ». Pourtant, dans ce texte, Joyce reconnait lui-même quelques influences, Sterne et Swift, par exemple. Et le texte se lit même s'il faut traverser certaines difficultés. Il invite à une lecture nomade, éclatée, car l'écriture est toujours en mouvement, en permanente gestation. Disons que les questions restent ouvertes pour cette œuvre ouverte.
Il est difficile pour un artiste d'atteindre à une véritable originalité et d'être réellement novateur.
L'art a toujours été confronté à un système de normes, de conventions, à une tradition. Norme de goût de l'esthétique dominante, de ce qui est autorisé, accepté dans la repré-

sentation à une époque donnée. C'est-à-dire à un mode de reconnaissance et de validation. Le pouvoir politique et l'église ont, par le passé, exercé une influence très forte sur les artistes. La liberté de création est un leurre.
Aujourd'hui, l'art est sous l'influence du marché mondialisé, des institutions (musées, galeries, grands collectionneurs). Il dépend aussi de l'attente et du goût du public. La création est prise dans la loi de l'offre et de la demande, loin de cette dimension du désintéressement chère à Kant. L'œuvre contemporaine est présentée comme une marchandise, un produit, comme un article prêt à être consommé.
Nombre d'œuvres reflètent l'individualisme conformiste des sociétés modernes. Coexistent un hyper subjectivisme de la petite différence et un art international standardisé. Le Grand Art risque sans cesse d'être absorbé par une culture de masse orchestrée par les mass-médias. Les avant-gardes semblent épuisées. La valeur des œuvres semble plus souvent liée à leur prix sur le marché qu'à leur valeur esthétique. On cherche l'effet facile au détriment d'élaborations plus complexes. Il ne faut pas que les gens se prennent la tête. Pensant qu'ils risqueraient ainsi de ne pas prendre leur pied. D'où des œuvres sans queue ni tête. Seul le présent semble compter. La simultanéité et le direct semblent d'ailleurs remplacer le présent. Comme si sa représentation et diffusion remplaceraient la vie. Tout cela, nous en avons déjà parlé.
Plutôt que de choisir une œuvre contemporaine pour parler de singularité, j'ai préféré choisir une œuvre emblé-

matique du modernisme, qui, comme tu l'as remarqué, a eu une grande influence sur l'art contemporain. C'est le *Ready-Made* nommé *Fontaine* de Marcel Duchamp. Je voudrais te montrer aussi le paradoxe de la singularité, te démontrer comment une œuvre singulière au moment de sa création, a pu devenir un modèle, une forme de doxa pour l'Art moderne et contemporain. L'urinoir sera même reconnu comme « L'œuvre la plus influente du XXe siècle ». Je voudrais te montrer comment cette œuvre novatrice a pu engendrer ce qu'il y a parfois de plus critiquable dans l'Art contemporain : Art de la facilité, du tout et n'importe quoi, d'œuvres semblant bâclées (aujourd'hui, tout le monde est pressé), jetées en pâture plutôt que présentées. Comment aussi à travers l'œuvre/objet d'art, on assiste à un triomphe de la fétichisation de l'objet sous sa forme marchande.

Marcel Duchamp, artiste déjà connu dans le monde de l'art, envoie au salon des Indépendants de New York en 1917 un objet insolite, décalé, déplacé. « L'écart est une opération » dit Duchamp. L'auteur adresse donc un urinoir renversé, signé d'un pseudo R. Mutt et assorti d'une date, 1917. Ce salon, pourtant annoncé comme « sans jury ni récompense » refusera l'œuvre/objet. L'œuvre baptisée *Fontaine* ne sera pas exposée et disparaîtra (volée, perdue, cassée, on ne sait pas). Quelques jours après ce refus, Marcel Duchamp, encore sous un pseudonyme, prendra la défense de l'urinoir dans une revue d'art en en publiant une photo ; seule trace qui subsiste de cette œuvre. Cette œuvre non exposée donc non vue, qui n'existe plus, créera un mini scandale.

Le comité du salon dira : « La fontaine est peut-être un objet très utile à sa place, mais sa place n'est pas dans les expositions d'art et ce n'est pas une œuvre d'art selon quelques définitions que ce soit ». On voit là encore, comment les œuvres s'évaluent selon des critères de goût. L'urinoir disparaîtra donc. Pourtant cet objet non exposé, non vu (peut-être pas fait pour être vu), continue de cheminer en art par le biais de son référent photographique et du texte publié par Duchamp. Ce *Ready-Made* rentrera dans une sorte de musée imaginaire et, « objet absent », sera reconnu comme précurseur du mouvement surréaliste annonçant les « objets trouvés ». Breton définira *Fontaine* comme suit « Objet usuel promu à la dignité d'œuvre d'art par le simple choix de l'artiste ». Le mouvement Dada aussi se réclame de la *Fontaine* qui introduit le banal et la vie dans le monde de l'art. Les nouveaux réalistes, le Pop Art, l'art conceptuel, nombre de grands courants artistiques se réclament de cet objet. Marcel Duchamp, en 1964, produira huit répliques de l'urinoir. L'urinoir nommé *Fontaine* est ce que Marcel Duchamp appelle un *Ready-Made*. Elle n'est pas la première dans sa catégorie, mais elle est la première qu'il tente d'exposer. Catégorie qu'il crée pour une nouvelle définition d'une œuvre d'art. S'ouvre le début de l'art conceptuel. Le *Ready-Made* est objet tout fait, déjà fait, déjà prêt. C'est le fait d'être choisi par l'artiste et d'être proposé comme œuvre, qui fait de cet objet une œuvre d'art. N'importe quel objet peut donc être candidat à l'Art. Par ce geste, Marcel Duchamp déconstruit l'idée de l'artiste comme « artisan », c'est-à-dire celui qui fabrique, qui possède un talent et met en œuvre un savoir-faire. L'art est d'abord une chose mentale comme chez Léonard de Vinci. Marcel Duchamp se sépare de l'art comme praxis « Marcel, plus de peintures, cherche un travail » écrira-t-il en 1912 ; ou encore « Bête comme un peintre », ou l'art c'est « L'impossibilité du fer » (iron-isme de Duchamp). Pour lui, aucun artiste de son époque ne peut plus rivaliser avec la technologie industrielle. C'est ce qu'il dira à Fernand Léger, en admirant la perfection de l'hélice d'un avion. Dans le *Ready-Made*, c'est le choix d'un objet qui fait œuvre. Mais comme toujours, Marcel Duchamp problématise cette notion de choix. Celui-ci doit s'opérer dans l'indifférence esthétique, « dans une réaction d'indifférence visuelle », en dehors de tout critère de goût. Il s'agit de « déshumaniser l'œuvre d'art ». Marcel Duchamp se décrit lui-même comme un homme sans inconscient. Tenterait-il de libérer le choix de tout caractère subjectif ? Pour lui, l'arrêt d'un choix est une forme de condamnation. La rencontre avec le *Ready-Made* se ferait sans intention ni désir d'objet spécifique, il ne serait pas objet de désir, sa découverte se décide par un rendez-vous fixé à l'avance. « Projeter le moment d'inscrire un *Ready-Made* et ensuite le chercher sans délai » note-t-il. Projet d'art. Le choix est indifférent, il suffit juste d'être à l'heure, au rendez-vous fixé à l'avance. De définir un moment. Ailleurs, il écrit que la rencontre avec l'objet peut être lié à un mode d'interpellation qu'il nomme « La demande des devantures ». Est-ce l'objet qui choisit le sujet ? Dans cet énoncé, résonne une dimension marchande. La marchandise nous demande.

L'offre demande... Cette rencontre annonce l'idée du hasard objectif des surréalistes. Rendez-vous avec n'importe quoi, juste le projet « d'inscrire un *Ready-Made* » à l'heure donnée, fixée. Choix d'un choix, visée sans but précis, à « contenu ouvert ». Le donné du moment, plus que d'un moment. L'objet serait donc indifférent, n'importe quelle chose pourrait s'inscrire à cette place : du « Hasard en conserve », du hasard conservé. Fruit du hasard, la contingence prend corps.
Que dire donc justement d'une chose pareille ? Pareille à rien, à rien de connu, de reconnu à l'époque comme œuvre d'art. L'œuvre a un caractère déceptif. « Elle ne remplit pas… », elle n'attire pas l'œil, le désir, elle ne nous ne regarde en rien... Elle ne remplirait pas même une perception ? Ne serait pas un « donné » au sens phénoménologique ? Difficile d'aller si loin car elle est *néantmoins* présence concrète. Mais elle voisine avec le rien par son aspect quelconque. C'est une chose qui porterait l'étiquette apparente : ça ou autre chose… peu importe ! Je te montrerai que cette hypothèse peut être contredite par l'idée que le joueur d'échec Duchamp a peut-être choisi l'urinoir de manière consciente. Ne joue-t-il pas le jeu dont il a fixé les règles ? Est-ce qu'il triche ? Allez savoir ! Notons encore que l'œuvre posthume de Duchamp s'appelle *Étant donnés*. Cette dernière, qu'on ne peut regarder qu'à travers deux trous percés dans une porte, interpelle plutôt notre voyeurisme. L'urinoir ne signifierait donc rien d'autre que l'énoncé « ceci est de l'Art ». Il serait une pure énonciation quasi tautologique. L'œuvre

ne se dit qu'elle-même comme art. Marcel Duchamp était à la recherche de « Mots premiers », abstraits (sans référent concret), « divisibles seulement par eux-mêmes, à l'unité ». D'un autre point de vue, cet objet apparaît comme une simple présence, une présentation, un simple exposé. L'œuvre ici ne représente rien, elle est une pure présence sans représentation et comme dans l'art abstrait, l'objet est son propre référent, sans arrière monde. C'est un simple donné, un *Étant donné*, une « à par(t)rition », un phénomène en béance, en creux. L'œuvre d'art ne serait peut-être même plus un « donné à voir », mais un simple donné. Un « tiens ! », plus qu'un « tiens regarde ça ! ». Marcel Duchamp voulait libérer l'art de sa dimension rétinienne : l'œuvre devient une chose quelconque sans attrait formel, sans signification, mutique, un tel quel, un hasard de l'heure. Un des livres de Marcel Duchamp a pour titre *Duchamp du signe*, à comprendre : *Du chant du c(s)igne* ?

Le caractère énigmatique, obtus, de *Fontaine* n'empêche pas, dans un deuxième temps, le jeu des significations. Le rebut pousse au rébus. « Ce rendez-vous fait sous anesthésie » selon Duchamp ne cache-t-il pas un choix stratégique ? Duchamp aimait le jeu d'échec. Ou un choix d'objet lié à un désir de l'artiste ?

Cet objet volontairement banal donne d'emblée, l'impression d'une chose obscène. Il évoque les basses œuvres, il se situe du côté du déchet. En ce sens, il vient désacraliser l'objet d'art ; il opère une désublimation, renverse l'ordre habituel du beau – *Fontaine* se présente renversée.

Pourtant son caractère trivial n'empêchera pas le photographe de l'urinoir d'y voir la représentation d'une Madone ou d'un Bouddha (son détachement colle bien au propos de Duchamp).

On ne peut s'empêcher de trouver une dimension sexuelle à cet objet, d'ailleurs, Marcel Duchamp parle de l'esthétique comme d'une érotique. L'objet dard. Sa forme peut évoquer par son creux le sexe féminin tout en se rapportant par son usage au sexe masculin. L'urinoir est fabriqué par le biais d'un moule, d'une matrice, évocation de la matrice d'Eros du Grand Verre). Marcel Duchamp a joué quelquefois sur le positif et le négatif que permet l'usage du moule, avec ces jeux d'ambiguïté et de renversements. « On n'a que pour femelle la pissotière et on en vit » trouve-t-on dans ses notes.

La blancheur de la faïence renvoie à la nudité, autre thème cher à Duchamp (*La Mariée mise à nu par ses célibataires, même, Nu descendant un escalier, Étant donnés*). L'urinoir peut apparaître comme un nu « cru », sans voile, un nu d'objet, comme la Nudité du Réel. « L'apothéose de la nudité, de la virginité » pour citer Duchamp, autre rappel du *Grand Verre.* La virginité, pour Duchamp, c'est le désir ignorant avec une pointe de malice. L'ignorance n'est pas la bêtise, elle peut être rusée.

La Fontaine s'amuse sans cesse avec l'ambiguïté, l'équivoque.

Marcel Duchamp a souvent mis en scène le thème du rapport sexuel et du regard désirant, celui du voyeurisme aussi (loin de l'indifférence visuelle donc !). Mais surtout, on retrouve dans son œuvre la notion d'ambiguïté sexuelle, par exemple, quand il dessine une moustache à la Joconde, quand lui-même se déguise en femme en se faisant appeler Rrose Sélavy (Eros c'est la vie). Dans *L'objet dard* aussi, phallus incurvé en creux féminin, dans *Feuille de vigne femelle*, moule d'un sexe féminin, qui, sous sa forme inversée dessine une saillance d'arête. Le moule permet un jeu formel entre positif et négatif, oscillations des genres masculin et féminin. Duchamp jouera aussi avec son prénom pour le scinder, le diviser, Mar/Cel, et le faire réapparaître. Exemple, La Ma-riée et les Cél-ibataires dans le *Grand verre*. Tiens! Cel, Cells voilà un lien verbal entre Bourgeois et Duchamp !

Le titre *Fontaine* renvoie aussi à l'équivoque. Un liquide sort d'une fontaine, il entre dans un urinoir. Quelque chose se verse, s'inverse, se renverse. L'ambiguïté peut aussi jouer sur l'indifférenciation objet/sujet, de l'œuvre et du spectateur. Selon Duchamp, il existe quelque chose de « Miroirique » dans *Fontaine* (un miroir, un œil en creux ?). Duchamp adorait les jeux de mots et les jeux d'esprit à propos desquels Freud souligne qu'ils fonctionnent par l'équivoque, le double sens, et que le plaisir qu'ils suscitent est lié à la dimension sexuelle qu'ils véhiculent... Ce « jet » éludé, interdit par cet urinoir transformé en œuvre d'art n'est-il pas ce qui, dans la langue, associe objet et sujet ? La suppression du jet accolerait plus encore sujet et objet. Ce jet convoque aussi le terme de pro-jet comme objet jeté au monde et peut-être au regard. Par cet acte provocateur, par ce coup tordu, Duchamp vient ruiner une certaine

conception de l'art accordé au beau et au sublime. « Uriner est l'anagramme de ruiner » écrit-il. *Fontaine* est une singularité incongrue qui brise les normes du goût et de l'esthétique, voulant même les effacer. D'un objet qui donne à pisser, il fait un objet qui donne à penser. L'urinoir devient un objet à percevoir, le regard se substitue au jet d'urine. Et si Duchamp a pour projet de sortir l'œuvre de la sphère du visible, il accentue le poids de présence de la chose, en limitant son attrait visible. Je pense que Duchamp permet des positions d'analyses divergentes, en maintenant possibles des opposés. Pour faire une digression, j'ai par exemple plus de plaisir à regarder une toile de Rothko que l'urinoir.
Un mot sur ce peintre qui un jour, s'est révélé à moi. (N'aie pas d'inquiétude, ce n'était pas un épisode de conversion). En Suisse, devant une de ses toiles, je me suis mis à accommoder mon regard d'une certaine façon, cherchant à percevoir son travail autrement. Et, d'un coup, toutes les couleurs, souvent disposées en trois étages superposés, se sont fondues en une seule, dans un monochrome éblouissant, qui flamboyait hors de l'espace du cadre. La matière colorée irradiait telle une flamme. J'ai réitéré l'expérience avec d'autres toiles, avec un résultat identique. On assiste à l'éclosion de la lumière dans le bourgeonnement de la couleur. De tels moments s'inscrivent en vous profondément. Je pense à Mondrian qui avec des moyens très différents, cherchait à faire déborder le tableau de l'espace délimité de la toile. Mais je reviens sur terre avec l'urinoir. C'est aussi sa fonction.

Le geste de Duchamp est un acte de profanation au sens étymologique du terme, c'est l'acte d'un hérétique. Marcel Duchamp transfère un objet de sphère profane vers la sphère sacrée de l'art. Il profane et sacralise. D'un objet usuel fabriqué en série à l'identique et qui existe à des milliers d'exemplaires, il crée une œuvre unique singulière par le fait de la choisir, de lui donner un nom, d'y inscrire une signature puis de l'exposer. L'urinoir sort de sa série industrielle, de sa multiplicité et naît à son unicité. Du même jaillit de l'Autre. Duchamp avait la volonté de briser le *mimesis*, il voulait même « perdre la possibilité de reconnaître deux choses semblables ».
L'urinoir est baptisé *Fontaine* et devient objet d'art. Sacrement du baptême (d'une pissotière !). Il perd son nom commun et acquiert un nom propre. Duchamp lui appose une marque symbolique qui en fait une chose unique. Effet du signifiant ? Remarquons sans le développer, que Duchamp signe l'œuvre avec un pseudonyme ; toujours avec sa manière de déjouer et de dénoncer ce qu'il noue. Le nom propre glisse vers le faux-semblant, le « pseudo », presque l'anonyme.
Mutt se ne rapporte pas tant à la marque d'un sujet qu'à celle d'une entreprise, d'un fabricant. Logo contre logos ? Ce que la signature permet habituellement comme attribution et appropriation reste ici incertain, indéfini. Mutt, mutisme ? Mais vois comme il me fait gloser. On peut se demander si aujourd'hui la marque ne vient pas remplacer le nom comme signe d'identité ou d'appartenance. Le nom d'artiste ne devient-il pas une marque de fabrique ?

Surtout quand l'artiste tend à reproduire à l'infini un procédé qui a plu au marché. Duchamp, lui, extrait un singulier d'un pluriel. Il opère une forme de transfiguration de l'objet par un pur changement de contexte. Si un élément est lié à son contexte, l'en sortir et le transférer dans un autre, en fait un élément détaché de tout lien et référence. Il se retrouve sans rapport avec un ensemble et devient une totale singularité. La *Fontaine* est un objet/œuvre divorcé et célibataire. Unique en son genre, hors genre, n'étant ni peinture, ni sculpture, l'urinoir est un objet « hors champ » qui devient « du champ » de l'art. Mais peut-être après ce transfert ne devient-il pas totalement intronisé ? Son introduction dans l'institution artistique reste problématique. Cet objet manufacturé, du domaine industriel et utilitaire perd sa fonction d'usage, se fait hors d'usage, pour être offert à la sphère esthétique. Duchamp opère une valorisation culturelle par un travail de décontextualisation et de recontextualisation. L'objet industriel manufacturé passe dans l'institution artistique.

Cette recontextualisation est un coup qui réussit puisque le *Ready-Made* jeté sur scène, refusé dans un premier temps, sera après coup validé, reconnu par le monde de l'art jusqu'à générer de nombreux avatars. Cette utopie novatrice deviendra avec les décennies, une nouvelle catégorie, presque une convention. Ce qui fait œuvre d'art est l'association d'un objet, d'un auteur, d'une institution (lieu d'exposition) et d'un public. Duchamp souligne l'importance du spectateur. Il dira que c'est le spectateur, le « regardeur qui fait l'œuvre ». Le regard est d'ailleurs pour lui un *retard*.

Pour ce *Ready-Made*, la validation par l'institution et le public se fera aussi avec un certain retard.
Duchamp brise, avec *Fontaine*, les frontières habituellement reconnues du domaine esthétique. N'importe quel objet pourrait être candidat au monde de l'art. Duchamp rend problématique la frontière entre Art et Vie ; il casse les hiérarchies et les normes du goût. Marcel transforme et redéfinit un champ mais le laisse tremblant, incertain. La force de *Fontaine* réside là ; cette œuvre n'est pas totalement assimilable par l'institution artistique. Duchamp ne voulait pas créer une nouvelle norme, il ne souhaitait d'ailleurs pas multiplier les *Ready-Made* pour ne pas créer « d'accoutumance ». Il prône un art en mouvement, non dégoûtant mais dégouté. L'urinoir de Marcel Duchamp, comme l'urine, garde-t-il un caractère corrosif ? Il reste un objet à l'identification incertaine, entre profane et sacré, entre objet utilitaire et œuvre d'art. Il reste dans un entre-deux, un seuil, il subsiste comme un point critique. Il garde sa singularité de n'être pas totalement conceptualisable, non rattachable à telle ou telle catégorie. Cette œuvre joue sans cesse sur la contradiction, l'équivoque, l'ambiguïté. Qu'est-elle ? Un simple énoncé ou une simple présence objectale ? Un pur réel ou un « mot premier » ? Les deux à la fois, car il faut garder vivante la contradiction.
On a parlé de l'ambiguïté sexuelle, de ce jeu entre le féminin et le masculin mais aussi entre le sujet et l'objet, la fontaine et l'urinoir. Même le choix du pseudonyme R.Mutt (Richard Mutt) renvoie à une contradiction : RICHE/ART d'un côté et ARMUT, qui veut dire pauvreté en alle-

mand, de l'autre. On ne peut opérer sur cette œuvre une synthèse finale unifiée. Elle reste ouverte à une dialectique interne, offrant toujours des renversements et des inversions possibles. Comme *Finnegans Wake*, c'est une œuvre ouverte. Malgré sa célébrité et sa célébration, *Fontaine* garde sa force de singularité, sa dimension utopique, c'est-à-dire comme un îlot séparé, comme « hors lieu ».

L'urinoir reste une œuvre problématique, il nous laisse perplexes de par son détachement amusé, « pas tout inscrit », « pas tout inscrivant », ouvert aux libres associations. Pas même une chose posée dans son être ou sa catégorie mais qui « aurait pu être ». R. Mutt peut s'entendre : ready(R)-made(M) eu (U) été (TT).

Tu vois, on est loin d'un n'importe quoi concernant cette œuvre au-delà du bon goût.

J'ai privilégié l'analyse d'une œuvre à des réponses d'ordre plus général car je m'y sens plus à l'aise. Pas dans un urinoir certes, mais « chez » Marcel qui est un artiste dont les quelques œuvres et écrits m'ont toujours attiré. Aussi par l'humour décapant qui s'en dégage. L'art c'est du « c'est-ri-eux ».

Je t'embrasse, amicalement

Philippe

Amiens, le 25 février 2013

Chère Catherine,

Je reviens sur Marcel Duchamp à propos d'une question que tu m'as adressée et à laquelle je n'ai pas répondu. Tu t'interroges sur les rapports qu'il entretenait avec son père. Ce que l'on découvre en parcourant sa biographie, c'est que son père l'a toujours soutenu et aidé dans sa carrière d'artiste. Son père est un bourgeois de province qui exerce le métier de notaire. Peut-être que Marcel a appris à travers lui, l'importance de la signature qui est un élément crucial dans les *Ready-Made*. C'est la signature qui fait l'œuvre, plus que l'artiste qui « ne la fait pas ». C'est la signature de l'artiste, comme celle apposée à la fin d'un acte notarié, qui transforme un objet industriel en objet d'art. Puissance de la signature, qui au-delà d'une forme d'attribution ou d'appropriation, transmute l'objet manufacturé en œuvre, a une fonction de redoublement, de confirmation. Le père de Marcel, Eugène, est un homme instruit et ouvert aux arts. Il laisse ses enfants libres de leur choix, sans déchoir de son autorité paternelle. Rappelons que ses deux frères ainés deviendront des artistes de renom. Ils ont d'ailleurs troqué leur nom de famille contre un nom d'artiste : Jacques Villon et Raymond Duchamp-Villon.

Eugène est un homme qui remet en doute les certitudes, anticipant l'esprit provocateur et iconoclaste de son fils. Le père adorait Flaubert et son *Dictionnaire des idées reçues* ; le fils va s'appliquer à renverser les codes. Il voyait dans ses *Ready-Made* un moyen de rendre futile et impossible toute définition de l'art. Peut-être, Marcel a-t-il hérité de son père une certaine ironie et un goût prononcé pour les jeux de mots. De ce que l'on sait, Marcel aimait son père, dont il a peint un portrait dans les débuts de sa carrière. Le rapport à son père ne semble pas être une thématique ou une problématique centrale pour l'artiste, comme chez Louise Bourgeois. Sauf à voir évidemment dans son côté révolutionnaire, un pied de nez à toutes les figures de la tradition artistique. Pour exemple, la moustache dont il affuble *La Joconde* en ajoutant les initiales faussement christiques : L.H.O.O.Q. (elle a chaud au cul). Geste juvénile et irrévérencieux, manière aussi de révéler la dimension érotique et peut-être l'ambiguïté sexuelle du modèle du tableau. Léonard était homosexuel. Certains ont supposé que le modèle était un homme. Plus classiquement, le portrait serait un hommage d'un époux à sa femme qui lui a donné un enfant. Le côté sexuel assez cru, ajouté par Duchamp, vient rabaisser ce célèbre chef-d'œuvre et la dimension maternelle qui lui est associée par un geste de potache qui est, au fond, référencé et érudit. Pensons aussi au *Ready-Made* nommé *Peigne* qui est un jeu de mot avec le terme peindre. Marcel Duchamp a travaillé le rapport entre la chose et le signifiant, et porté une attention particulière au titre de ses œuvres.

La sexualité et en particulier l'ambiguïté sexuelle sont des thèmes et des motifs récurrents chez Marcel Duchamp. En se déguisant en femme, il invente le personnage de Rrose Selavy. Il se fera photographier dans cet accoutrement. Les sculptures *Objet dard* et *Feuille de vigne femelle* jouent sur l'échange des sexes. L'autre thème important chez Duchamp est celui du célibataire, position qu'il a toujours préservée dans sa vie. Le *Ready-Made* n'est-il pas un objet célibataire, en tant qu'il s'extrait de sa famille d'objet utilitaire et n'intégrant que de manière ambigüe, incertaine le monde de l'art ? Il reste détaché de tout, ne rentrant dans aucune catégorie clairement définie. Il reste seul en quelque sorte, fut-il après coup reproduit en série. Tu as raison de dire que les *Ready-Made* ne rentrent pas réellement dans ce qu'on nomme les Beaux-arts, mais l'art moderne s'est aussi éloigné de la stricte notion de *beau*. Remarquons que la notion de *beau*, si elle a quitté en partie le domaine des arts, a diffusé dans toute la société. L'importance accordée aux vêtements, au design, à la décoration, à l'esthétique du corps, au *look* en est l'illustration. Nous vivons une époque où l'esthétique est essentielle, on assiste au triomphe de l'image. Tu évoques dans une de tes lettres, l'importance accordée à la présentation au détriment du contenu. L'esthétique comme recherche du beau. Même les hommes politiques semblent porter plus de soin à leur physique, à leur présentation, qu'à leur programme. Pour en revenir aux *Ready-Made*, ils me rappellent, Odradek ce personnage de Kafka, autre grand célibataire, qui n'appartient à aucune famille à aucun genre animal humain ou objectal. Seul et unique en son genre, vivant oublié dans un grenier.

Marcel Duchamp disait souvent : « j'aime mieux respirer que travailler ». Les *Ready-Made* sont aussi en ce sens, des œuvres qui correspondent à cette maxime. On pourrait, pour s'amuser, dire qu'ils reflètent la manière d'être de l'artiste. Marcel Duchamp opère une fracture avec la facture. Il remarque que dans son travail, l'artiste emploie des choses et des matériaux déjà faits, qu'il ne fabrique pas. Les pinceaux, les couleurs, la toile, par exemple, chez le peintre. Les *Ready-Made* pousseraient simplement cette logique jusqu'au bout. En choisissant un objet tout fait, l'artiste n'a plus qu'à lui apposer sa signature pour le faire entrer dans le domaine de l'art. L'antithèse du *Ready-Made*, si l'on veut aussi aller jusqu'à l'absurde, serait une œuvre créée, façonnée de bout en bout, de sa matière première à sa forme finale, en passant par la création des instruments servant à sa fabrication. Elle ne pourrait être que l'œuvre d'un dieu, le rêve d'une création *ex nihilo*. En cela, le *Ready-Made*, par sa « finitude » est bien œuvre humaine. Cette sorte de seconde vie plus glorieuse donnée à l'objet banal relève à la fois du recyclage et de la transmutation. Regarde comme aujourd'hui on recycle par le biais du design, des objets techniques anciens. On leur redonne une deuxième vie en même temps que l'on ressuscite leur valeur marchande. Duchamp nous rappelle à l'aspect concret des œuvres qui restent fondamentalement des choses. Tout en démontrant inversement, que toute chose peut être promue au rang d'œuvre d'art. Avec d'autres, il introduit le quotidien et le banal dans l'art. Ce processus a débuté quand apparaissent, dans l'histoire de l'art, des sujets profanes qui remplacent les thèmes sacrés. L'art redescend progressivement sur terre et s'adresse aux hommes.

Mais il ne faut pas réduire le travail de Duchamp aux *Ready-Made*. Si Duchamp ne fait pas ses *Ready-Made*, ceux-ci ne font pas Duchamp. Il suffit de citer le *Grand Verre* et *Étant Donnés* par exemple, pour rappeler sa place centrale dans l'art moderne. La création du *Grand Verre* lui a d'ailleurs demandé un long travail préparatoire et une laborieuse et précise exécution. Duchamp savait aussi mettre la main à la pâte quand c'était nécessaire, il possédait une technique et un savoir-faire.
Marcel Duchamp souhaitait surtout sortir l'Art des notions de goût et de beau ; il l'a ramené à sa concrétude parfois jusqu'au trivial. À juste raison, tu soulignes la différence entre Louise Bourgeois et Marcel Duchamp. La première défend un art personnel lié à son histoire quand le second prône plutôt un art impersonnel, dégagé d'une dimension subjective. Ce n'est pas un art de l'expressivité. Le « choix » des *Ready-Made* doit exclure un choix guidé par un goût personnel ou une quelconque esthétique : c'est une rencontre fortuite exécutée dans « un état d'indifférence envers l'objet ». Il s'inquiètera plus tard, que des spectateurs trouvent un plaisir esthétique devant ses *Ready-Made*. Ce n'est vraiment pas ce qu'il visait. Ses œuvres provoquent, mais rarement de l'émotion comme tu le soulignes. Le personnage public était décrit comme froid, distant, presque indifférent. Certains biographes le compare à sa mère, une femme déprimée, sans affection pour ses enfants, indifférente au monde qui l'entourait. Cette mère ne se serait pas réalisée en tant qu'artiste, à la différence justement de la plupart de ses enfants. Bien

sûr, se serait un peu simple de voir dans le travail de Duchamp un reflet de sa personnalité. Au contraire, son art se veut détaché de sa propre subjectivité jusqu'à prendre un aspect parfois impersonnel. On peut appréhender l'art autrement que comme une forme d'expression.

Tu le suspectes d'avoir profité du système qu'il critiquait (du monde de l'art), et d'avoir été reconnu et promu par la critique. Non, comme souvent la critique a eu un métro de retard. Ce sont les artistes qui ont reconnu d'abord l'importance de son œuvre et leur dette envers lui. En particulier les surréalistes et en premier chef André Breton. Marcel Duchamp n'a d'ailleurs pas fait commerce des *Ready-Made*, il les accrochait dans son atelier ou les offrait à des proches. Le succès critique est venu tardivement, d'où la réédition de certains qui avaient disparu. Cet artiste n'est pas un escroc qui se sert du système, c'est un imaginatif qui invente et recherche de nouvelles formules ; qui transforme le monde de l'art au niveau de sa production et de sa réception. D'où l'importance que lui donne John Cage par exemple. Il donne aussi sa dignité à l'humour dans le domaine artistique. Il ne faut pas confondre humour et divertissement. Il existe une dynamique de révélation, de révolution, de lucidité et de critique dans l'humour. L'expression « avoir de l'esprit » est en ce sens, significative. Le divertissement, lui, est abêtissant et oublieux. Des artistes se sont prêtés à cette puissante et hégémonique mascarade. Non Duchamp. Il joue un jeu supérieur.

Il est une sorte d'inventeur, d'expérimentateur qui s'intéresse, dès sa jeunesse, aux revues scientifiques. Ses

expériences sur l'optique sont célèbres. Il s'intéresse à la dimension du regard. Mais il est surtout quelqu'un qui aime s'amuser. Sa passion des échecs est révélatrice car elle associe jeu et stratégie.
Oui, il existe peut-être, comme tu l'écris, une dialectique significative au XXe siècle entre un art hyper-personnalisé, égotiste comme chez Louise Bourgeois et un art objectif ou impersonnel comme chez Marcel Duchamp. L'art se situe entre deux extrêmes, entre un travail subjectif, quasi idiosyncrasique et un autre plus neutre, conceptuel et objectiviste.
Le XXe siècle accordera une place prépondérante à l'objet, que l'on peut mettre en parallèle avec la fétichisation de l'objet marchand dans l'économie capitalisme. En cela, l'objet d'art devient une marchandise pour les collectionneurs et un objet de consommation pour les spectateurs. L'utilisation des objets dans l'art moderne et contemporain a stimulé le processus créatif et a permis la création d'œuvres passionnantes. Il n'y a qu'à rappeler la place que lui ont donnée les surréalistes : objets trouvés, objets à fonctionnement symbolique, matérialisation d'objets issus du rêve. André Breton théorisera une poétique de l'objet construit sur des associations incongrues en référence à Lautréamont. L'objet est là pour éveiller le désir, il parlera même d'accouplement d'objets. Inutile de souligner la place prépondérante qu'a pris l'objet technique dans nos vies.

Le XXe siècle accorde aussi une place importante à la figure de l'artiste et à la mise en scène de lui-même.

Beaucoup d'artistes ont travaillé dans cette voie, puisant dans leur histoire personnelle, se mettant en scène dans des formes de scénario réaliste ou fictionnel, creusant la question de leur identité. Les *happenings* ont été une forme artistique qui a irrigué ces courants. L'artiste s'y mettait en scène et en acte dans des formes de rituels où le corps avait une importance capitale, il participait de manière vivante à l'œuvre, en faisait partie. Il la produisait en se produisant. Le *happening* a une dimension théâtrale qui travaille sur le présent et l'éphémère. Sans doute, comme tu l'écris, c'est aussi le reflet de notre époque individualiste et narcissique. L'exhibition, la publicité donnée à la sphère privée sont emblématiques aujourd'hui. Il suffit de regarder la télévision ou de visiter Internet pour s'en apercevoir. Même si, évidemment, l'exhibitionnisme, la confession ou l'aveu sont toujours associés à du travestissement. L'art participe aussi au spectacle généralisé, à la mise en image universelle. Le culte de soi, l'égotisme, l'individualisme faits de société se retrouvent aussi dans la création artistique. L'art est influencé par son époque et en est en retour, le révélateur ou le miroir. En même temps, il ne suffit pas de s'exprimer soi-même dans une œuvre pour être réellement original, car la singularité, la nouveauté n'est pas chose aisée. Un style vraiment personnel, novateur s'acquiert par une longue élaboration. L'artiste doit avoir assimilé certains modèles pour ensuite les dépasser. C'est un processus de différentiation. Il est vrai que nous avons quitté une société de style traditionnaliste pour une société de progrès. En ce sens, on valorise plus l'innovation que le respect et la reproduction des modèles anciens, des maitres. Mais, encore une fois les grandes innovations sont rares, derrière les nouveautés annoncées, se cachent souvent des œuvres qui ne sont que répétitions d'épigones. Il faut se méfier des tapages médiatiques qui, sous couvert de critique ou d'analyse, ne sont que promotions publicitaires. Il faut faire marcher le commerce. Chacun se doit de garder son esprit critique et exercer son œil et son jugement sur ce qu'on lui sert. Je ne partage pas ton avis sur la fracture qui existerait entre des spécialistes et des experts informés et un public dépassé et inculte. Je me méfie des experts et de leur prétendu savoir. Ils ne sont souvent que la caisse de résonnance d'un état des lieux de l'idéologie dominante qui essaie de protéger et de prolonger son pouvoir par leurs discours ou jugement. Sont-ce les experts qui influent l'opinion publique ou ces derniers ne sont-ils que le reflet justement de cette opinion générale, du discours ambiant ? Justement, ils n'inventent rien. Pour l'art contemporain plus précisément, je mesure mal l'influence de la critique spécialisée. Qui lit la presse spécialisée dans l'art contemporain ? Peu de monde à mon avis. Il existe en France de bonnes revues dans ce domaine. Elles permettent parfois de s'orienter dans une production pléthorique et leurs analyses sont souvent enrichissantes. De toute façon, ceux qui lisent ce type de revues correspondent déjà à un public averti. En général, la presse grand public ne fait encore une fois que consacrer des valeurs déjà reconnues. Regarde ce qui s'est passé autour de l'exposition Dali à Beaubourg : un grand battage médiatique sur un peintre déjà ancien, dont le nom est très connu du grand public (certainement plus que son travail), a pour conséquence des files d'attente énormes. S'organise une publicité immense pour un peintre déjà médiatique, un artiste qui s'est prêté, à son époque, point d'ironie supplémentaire, à des campagnes publicitaires. On fait la promotion d'artistes qui n'en ont pas besoin. Ce sont comme des boucles de renforcement de valeurs établies. D'ailleurs, tout cela ne dit rien sur la qualité de l'artiste Dali, en général aveuglément encensé. La publicité pour certains artistes devient vite un plébiscite. Il est sûr que la télévision et la presse généraliste ont une influence sur la promotion des expositions et des artistes. On peut remarquer, comme pour l'exemple de Dali, que certains évènements sont relayés et encensés de manière quasi unanime. Les médias sont d'étranges chambres d'échos ; ils parlent tous de la même chose en même temps et tiennent des discours semblables. La fréquentation des médias amène à penser que les images et les mots sont des virus qui se propagent comme de véritables épidémies. J'ai été moi-même pris par ce jeu d'influence lors de l'exposition Jeff Koons à Versailles. Je m'y suis déplacé après en avoir entendu parler de façon élogieuse un peu partout. Je n'appréciais pas ce que j'avais déjà vu de lui. Je dois avoir un *a priori* négatif, me suis-je dit. Allons voir ! Bon ! Que dire ? Il vaut mieux parfois se taire. Disons simplement que la valeur, la beauté du cadre n'ont pas suffi pour faire remonter l'artiste dans mon estime. C'était pourtant le but. Le Grand Versailles devait ajouter une plus-value à la notoriété, déjà exagérée, de l'artiste américain. Une sorte de caution symbolique en forme d'écrin. Bref, Jeff Koons a au moins le mérite de pouvoir conjuguer la nullité sous toutes ses formes.

On ne peut pas nier l'influence des grands musées ou des grandes collections privées sur la promotion de certains artistes et indirectement sur le goût du public, déjà simplement dans le choix de ce qui est présenté. C'est en quelque sorte, le pouvoir de l'exposition sur la création. Évidemment, le marché de l'art, nébuleuse complexe, joue sur la valorisation et la reconnaissance des artistes, l'investissement créé de la valeur, la cotation des œuvres devient le critère de leur qualité. Certains artistes semblent montés de toutes pièces dans le but de créer du bénéfice sur leur plus-value. Les institutions publiques et privées ainsi que le marché, selon moi, ont un rôle plus important que la presse pour la valorisation et la reconnaissance des artistes. En tous les cas pour les artistes émergents. La presse ayant surtout une fonction publicitaire pour les expositions, elle est souvent le relais et l'instrument des centres de pouvoir. Les médias influent sur le nombre d'entrées des grandes expositions, celles qu'on se doit de visiter pour être dans l'air du temps, c'est-à-dire pour faire comme tout le monde. Le goût du grand public est influencé par les discours ou évaluations dominantes mais pas jusqu'à en être forgé. Je pense que chacun garde une autonomie et liberté d'esprit, même les gens possédant une faible culture artistique. Si informer c'est aussi former, je crois que les spectateurs résistent à cette tentative de formatage.

Il existe un public averti et cultivé, capable de se créer une opinion personnelle sur les œuvres d'art, indépendamment des discours dominants et des effets de mode. On se doit de rester critiques face aux critiques des professionnels. Tu dis que nous sommes désarmés face aux créations contemporaines, mais qui sait apprécier dans le détail, dans leur profondeur, les œuvres anciennes ? Là aussi, apprécier demande une certaine expérience, un certain savoir, une culture picturale. D'ailleurs, je crois que tu es d'accord avec moi, la sensibilité n'est pas une chose donnée, elle s'affine et se cultive. Le contact avec l'art élargit notre sensibilité au-delà du domaine de l'art ; il est classique de dire qu'après avoir vu des tableaux de van Gogh, on ne regarde plus la nature de la même façon. Regarder un tableau à certaines époques du passé, relevait à peine d'un plaisir esthétique. Les tableaux religieux avaient de toutes autres fonctions. Ils permettaient de faire connaitre l'Histoire sainte aux illettrés ou à ceux qui n'avaient pas accès aux écrits ; ils avaient pour fonction de susciter la foi et d'élever à une exemplarité morale. Et en dernier lieu, à participer aux mystères de dieu ou encore, à travers l'image incarnée, percevoir l'invisible divin. Aller contempler un tableau dans un musée aujourd'hui correspond à une toute autre logique.
En appréhendant l'art de notre époque, nous sommes confrontés au « tout-venant » de la création. Le temps n'a pas encore fait son tri, même si le choix opéré par l'histoire n'est en rien, un gage de valeur. Ce que nous valorisons aujourd'hui des œuvres du passé n'est peut-être que le

révélateur des valeurs et du goût actuel. Quand nous regardons l'art d'une époque ancienne, au Louvre par exemple, nous n'en voyons qu'une sélection ; celle qui s'est opérée au fil du temps. Pour déclarer la médiocrité de la création contemporaine par rapport à l'art du passé, comme le fait Jean Clair par exemple, il faudrait pouvoir comparer l'ensemble de la production des deux époques, ce qui est une tâche impossible, ou attendre quelques décennies. Il est vrai que l'art moderne s'est ouvert à de nouveaux médiums et que cet élargissement de son champ rend plus complexe un repérage : la photographie, la vidéo, et maintenant des créations via Internet ont agrandi le domaine des arts plastiques. Sans parler de formes assez récentes comme le *happening* et l'installation. Le public peut se sentir perdu dans cette abondance, parfois trompeuse en termes de réelle créativité, et dans cette diversité. Ce changement nécessite une réceptivité plus large et attentive côté public. Peut-être que la fréquentation avec l'art contemporain amène à une plus grande ouverture et liberté d'esprit. Devant des œuvres qui nous paraissent insolites, il faut prendre son temps, prendre le temps d'en appréhender les formes et les contenus, accepter aussi de ne pas comprendre. L'art ne se réduit pas à un système de significations, à un langage, il met en acte la puissance des formes, s'adresse à l'esprit, aux sens et au corps. Il nous met en jeu. Cette avalanche et variété de création n'empêche pas l'existence de conventions. Même les productions les plus avant-gardistes se réfèrent à des codes plus anciens et imposent vite de nouveaux styles. Le concept de

table rase, cher aux années cinquante, est à relativiser. L'art a toujours à faire avec son passé, voudrait-il le dépasser.
Pour répondre rapidement à une de tes questions sur la profondeur des grandes œuvres d'art, je pense qu'elle est insondable et infinie. Chaque spectateur la perçoit à sa façon et ses lectures ou analyses possibles sont inépuisables. Notre propre perception d'une œuvre varie avec le temps. D'ailleurs, si tu as pu en faire l'expérience, il suffit de voir un tableau dans un autre contexte d'accrochage et de lumière pour le percevoir autrement. Notre état d'esprit du moment en modifie aussi la perception. La chose n'existe pas en soi, elle est prise dans un phénomène d'émergence et de réception. C'est en cela que les grandes réalisations de l'art survivent et dépassent leur époque, même si elles leur doivent d'exister. L'herméneutique n'est pas uniquement la mise à jour d'un sens, d'une signification cachée, serait-elle plurielle, elle tourne aussi autour d'un hors-sens où se tient l'œuvre d'art. C'est pourquoi la réception d'une œuvre n'en finit pas. L'interprétation n'est pas qu'une archéologie mais également une projection. Le sens se produit.
Tu remarques aussi, à juste raison, qu'étrangement, c'est quand l'artiste déploie une démarche très personnelle qu'il peut atteindre un public plus large. C'est en nous ouvrant son monde intime qu'il nous interpelle. Peut-être nous ouvre-t-il également plus largement au monde. Mais dans ces moments, s'agit-il d'une rencontre avec une part de nous-mêmes ou avec celle d'un *autre* ? D'une rencontre avec une forme d'archétype ou d'altérité ? Si l'art peut être assimilé à un processus d'expression, c'est sans doute

quand il touche au plus personnel qu'il s'ouvre à l'universel. Quand nous « visitons » la *Red Room* de Louise Bourgeois, surgissent en nous des souvenirs et des interrogations sur notre enfance et des rapports à nos parents. Le monde de Louise Bourgeois rentre en connexion avec le nôtre. La singularité rejoint parfois une forme d'universel, même si je ne crois pas trop à cette notion d'universalité dans l'art qui reste enraciné à un fond culturel spécifique. Peut-être que la mondialisation change progressivement cet état de fait.
Je partage ton avis sur le fait que l'on crie trop rapidement au génie pour de jeunes artistes qui n'ont justement pas eu le temps de monter en graine. La société actuelle se nourrit de nouveauté. Il faut toujours découvrir de nouveaux talents comme de nouveaux produits. On va dégoter des jeunes artistes comme les jeunes footballeurs dans les prémisses de leur talent. Bientôt on ira les chercher dans leurs berceaux, il est vrai que la jeunesse est aussi une valeur d'époque. Existe-t-il, de nos jours, un eugénisme du jeunisme ? L'idéologie du progrès envahit tous les champs, mais il n'existe que des progrès et des avancées techniques. Il n'y a pas de progrès en art, seulement une évolution et des changements de paradigmes esthétiques. Pour en revenir aux nouveaux « génies » proclamés, on remarque que parfois leur succès par trop rapide et intempestif les empêche de mûrir une œuvre plus approfondie. Ils peuvent avoir tendance à répéter ce qui a fait leur succès pour des raisons simplement mercantiles. Il arrive que la reconnaissance et le succès viennent éteindre la créativité et le génie de certains artistes. Le cas de Soutine est à cet égard, exemplaire.

Sans doute ceux qui créent pour eux-mêmes, plus qu'en vue d'un succès public, résistent mieux aux pressions extérieures et gardent une indépendance dans leur démarche. Je pense ici à Cézanne et à Matisse, ou plus récemment à Beuys ou Kiefer. On peut en citer évidemment beaucoup d'autres. On a l'impression, parfois, que certains artistes ont tendance à réitérer la formule qui fait leur succès. C'est le sentiment que j'ai eu en visitant l'exposition Soulages à Beaubourg, il y a un an. Après une période de tableaux grand format où domine une peinture gestuelle aux traits larges et sombres sur fond clair, où se déploie un art puissant et équilibré d'une calligraphie gigantesque, il en vient à son « œuvre au noir ». À partir de là, le noir domine tout, en dehors quelquefois de la résurgence de liserés frémissants surgissant du fond blanc. Le noir, de toute son autorité, absorbe le regard. L'artiste articule quelques principes dès sa première réalisation de ce type. Dialectique entre mat et brillant, lisse et strié, surface et relief matiériste, horizontalité et verticalité parcourues de quelques obliques. À travers le noir, l'artiste met en scène le jeu et la vie de la lumière. La manière dont le tableau accroche, plus que ne capte la lumière, fait ressortir une gamme de gris du presque blanc jusqu'au noir profond. La facture du tableau oblige à des déplacements, car l'incidence du regard en modifie la perception. Une nuit noire scintillante de gris nous regarde, la grandeur des formats accentue la fascination, jusqu'à l'absorption du regard et du corps dans le tableau. L'espace du tableau est souvent découpé sous la forme classique du diptyque ou triptyque qui, sans parler de la référence à la peinture religieuse, en souligne l'aspect rythmique. L'artiste restitue au noir sa dimension vivante, vibrante. Les premiers tableaux dégagent une grande force, puis d'années en années, l'idée créative, la forme, se répètent inlassablement en faisant seulement varier les combinaisons de départ, sans trop de nouveauté autre que l'apparition ponctuelle de quelques couleurs pures. La force ressentie au début s'épuise et la confrontation répétitive avec cette peinture toujours du même type, lasse terriblement. La forme devient une formule. Soulages commence à saouler. L'invention tourne au procédé et l'on se demande si le nom de l'artiste ne devient pas une marque de fabrique. Pour me sauver de mon ennui grandissant – après la nuit, l'ennui –, je regarde la provenance des tableaux en me penchant sur les cartouches de présentation. M'apparait à cette lecture, la « collection » des musées les plus réputés du monde. L'idée me vient que Soulages a produit des toiles quasi identiques pour toutes ces institutions. Comme ça, personne n'est jaloux et chaque institution prestigieuse possède une toile prestigieuse d'un sommet créatif de ce peintre prestigieux. Chacun a dû lui passer commande et l'artiste s'est exécuté. J'eus l'impression d'avoir sous les yeux la cristallisation de ce que l'on appelle la rivalité mimétique des institutions et des grandes collections privées. Et de ses conséquences. C'est-à-dire une uniformité des grandes collections et une fixation de certains artistes dans des procédés connus et attendus. Quand on visite les collections de grands collectionneurs du passé, on sent l'existence d'un regard qui a présidé aux choix. Chez les collectionneurs actuels, on pressent plutôt celle d'un portefeuille.

Si l'art est créateur de formes, notre société capitaliste a tendance à les fétichiser et les réifier. Soulages n'en reste pas moins un très bon peintre et mon impression du moment était peut être injuste et injustifiée. On ne peut en tout cas pas accuser Soulages d'une absence de technique ou de réflexion approfondie sur son travail. Se crée encore actuellement une peinture de grande qualité aussi au niveau de la technique et de la facture. Citons pour exemple, Philippe Cognée, Peter Doig et Marc Desgranchamps que j'ai pu admirer récemment. Ce peintre produit une oeuvre de grande valeur, toute en subtilité et transparence et qui, avec le temps, montre un grand sens de la composition et de l'utilisation des couleurs. Les corps paraissent hantés par le fantomatique. Son art s'élabore et se construit lentement tout en assimilant diverses influences : Picasso, De Chirico, le pop art, le cinéma.

Il est toujours utile pour découvrir un artiste, de commencer par une rétrospective ou une exposition où figurent plusieurs tableaux car il est ainsi plus aisé de s'y repérer. On peut plus aisément en reconnaître l'esthétique, les thèmes, les procédés mis en place. On peut suivre l'évolution du style et du contenu, l'approfondissement de certains éléments, les chemins poursuivis par l'artiste, les variations et les constantes. Les clés de compréhension résident à l'intérieur de l'œuvre si l'on n'arrive pas à entrevoir les influences. Confronté à un ensemble d'œuvres,

on rentre plus aisément dans l'univers de l'artiste, on perçoit mieux les différentes étapes ou périodes de sa création.
Peut-être sommes-nous toujours un peu démunis face à l'art de notre propre époque. Les artistes novateurs sont en avance sur nous car ils dépassent le cadre esthétique de leur temps et donc la sensibilité générale des spectateurs, sensibilité forgée par l'habitude. Le nouveau nous apparait comme étrange, incompréhensible et nous avons tendance en premier lieu, à le rejeter. L'histoire de l'art est pleine de ces exemples de grands peintres méconnus à leur époque, reconnus tardivement ou après leur mort. Le concept d'avant-garde contient cette idée de l'artiste visionnaire, en avance sur son temps, qui a déjà un pied dans le futur qu'il annonce ou bâtit. Le public « aveugle » resterait lui à la traîne. Ceci n'est bien sûr pas toujours exact. De grands peintres novateurs ont été reconnus et encensés à leur époque, comme c'est le cas de nombre d'artistes de la Renaissance italienne par exemple, période pourtant révolutionnaire à plus d'un titre.
Quand tu parles de notre époque, tu fais référence à *L'individu incertain* de Ehrenberg. Beaucoup de sociologues ou de psychanalystes évoquent ce qui serait la désagrégation de l'ordre symbolique autour de la remise en cause de la figure du père. Ce sujet est complexe. La sécularisation du monde en Occident nous a fait perdre la référence à Dieu et sans doute à la garantie que cette instance nous donnait. Le *verbe*, déjà bien silencieux auparavant, se serait définitivement tû et nous serions actuellement livrés

à nous-mêmes, sans fondement, sans garantie divine, dans un univers désenchanté. Le sujet chercherait en vain une fondation car ne lui resterait que la possibilité d'une auto-fondation qui ne serait qu'un leurre ou un gouffre. Seul dans la Science, persisterait un socle sur lequel nous pourrions nous appuyer. Seul l'objet technique nous offrirait encore un succédané de magie alors qu'il est le fruit du pouvoir d'objectivation. Que les repères n'existent plus, je ne le crois pas. Encore une fois, il faut parfois un recul historique pour saisir les valeurs dans lesquelles nous sommes baignés. Le sujet reste encore modelé par des structures sociales, culturelles, politiques et économiques qui le dépassent.

Nous remarquons que la modernité accorde une place centrale à l'individualisme et à la rationalité, surtout en Occident où l'individu est de plus en plus renvoyé à lui-même comme « centre » subjectif de décision et d'action. La Liberté serait le but et le *credo*, liberté qui est parfois vécue comme un fardeau à porter. Le sujet est défini comme un auto-entrepreneur qui doit créer des richesses et en consommer, l'Avoir prime évidemment sur l'Être, l'action sur la pensée. Une action à court terme. Nous vivons de plus en plus dans l'instant. Peut-être glissons-nous d'une société de la loi à une société de la norme, car notre liberté tant vantée est de plus en plus encadrée. Les normes et les moyens de contrôle qui s'y associent sont de plus en plus envahissants. Tu dis que nous serions déboussolés ; mon impression est que notre marge de manœuvre est de plus en plus réduite. On nous impose des normes et des manières de faire (sous l'appellation de « bonnes pratiques » dans le monde du travail), de plus en plus univoques. Regarde ce qui se passe en Europe où l'on impose la même solution : libéralisme et austérité à tous les pays pourtant confrontés à des situations et des problématiques différentes.

Ce qui est moins contestable, par contre, est l'accélération des changements auxquels nous devons faire face générant, peut-être, le sentiment de désorientation dont tu parles. D'où l'importance des concepts d'adaptation ou de flexibilité. Nous sommes sommés et donc condamnés à avancer, et en art, comme ailleurs, on valorise le nouveau. Dans la musique Pop, le dernier album d'un groupe est presque toujours annoncé comme étant le meilleur. Ce n'est qu'une publicité plus ou moins masquée et un argument de vente. On peut remarquer un fait similaire pour le cinéma, sauf dans la presse très spécialisée. Et encore ! Ce travers du nouveau à tout prix, de la nouveauté comme valeur, touche aussi les arts plus nobles. Sachant que les frontières entre grand art et art populaire se sont aussi brouillées du fait de la démocratisation de la culture. La société actuelle promeut la consécration d'un éternel présent où consommer équivaut à consumer.

M'appliquer à essayer de répondre à tes questions m'a permis de replonger dans les écrits de Duchamp et je t'en remercie. J'ai pris le temps d'analyser deux œuvres, pour moi emblématiques de la place accordée à l'objet dans l'art moderne et contemporain. En réfléchissant à ce jeu de questions-réponses, je te livre aussi ceci. Est-ce que ce ne

sont pas les œuvres-mêmes qui répondent aux questions posées par d'autres œuvres ? L'artiste, dans sa recherche de nouvelles solutions picturales ou confronté à des questions d'ordre technique ou stylistique, invente de nouveaux procédés. Sa recherche progresse, s'approfondit. Le travail suivant peut résoudre ou dépasser des problèmes qui se posaient à lui. L'œuvre suivante répond en quelque sorte aux questions posées par l'œuvre précédente. Une sorte de réponse en acte. Les œuvres se poursuivent et se répondent. Ceci est vrai aussi entre artistes, où le travail de l'un peut éclairer le travail de l'autre ou le prolonger. Je pense à la naissance du cubisme où les toiles de Braque et de Picasso semblent jaillir l'une de l'autre, jusqu'à ne plus pouvoir discerner clairement qui précède l'autre. Les deux travaillent en parallèle, tout en se rejoignant. Chacun stimule la création de l'autre et le cubisme naît de cette synergie amicale et rivale. Parfois, les œuvres paraissent dialoguer entre elles, se questionner et se répondre.
Pour en revenir à notre correspondance, je te propose de te parler la prochaine fois, de deux artistes. Deux créateurs auxquels je tiens : Josef Beuys et Anselm Kiefer. Mais c'est si tu as le temps...

Je t'embrasse, amicalement
Philippe

Arles, le 25 octobre 2015

Cher Philippe,

Je dois dire que cet échange épistolaire qui s'étire dans le temps, ce temps après lequel nous courrons quand bien même il se rétrécit comme pour se mettre à notre portée, m'ouvre de nouveaux horizons et semble pourtant me ramener à mon point de départ.
J'allais écrire mes points de départ.
Mais je n'ai pas le don d'ubiquité. Et comme chez l'orthoptiste, je vais tâcher de superposer ces points qui sans doute, n'en font qu'un !
J'apprends à goûter des œuvres qui me laissaient indifférentes ; et en les appréciant, je retrouve ce que je cherche en art : un voyage au cœur du monde que j'habite, un regard décentré, un autre point de vue. Qu'il me mette face à moi-même ou m'ouvre les yeux sur l'univers qui m'entoure ; l'art m'apporte parfois des émotions, toujours un enseignement.
J'aime cette idée que le beau et l'esthétique ont aujourd'hui tendance à déserter l'œuvre pour investir le quotidien, comme si le beau pouvait rendre douce la vie de tous les jours et nous apporter suffisamment de confiance en nous pour regarder en face la violence du monde. Violence de la solitude, des normes, des désirs, même si nous vivons dans un monde libre au milieu des autres et dans l'abondance – toutefois très relative pour certains.

« L'ouverture d'esprit et des sens » que tu poses comme une nécessité pour rencontrer les œuvres ne peut s'obtenir que dans la quiétude et l'estime de soi. Vivre au milieu de belles choses nourrit cette estime de soi et rend disponible aux autres.
Par contre, la fréquentation du beau au quotidien ne suffit pas pour développer l'esprit critique et l'appréciation de l'art. Tu l'écris dans une de tes lettres : au-delà de l'attention et du temps, il faut « une culture, un savoir préalable enrichi d'expérience », une expérience qui s'acquière dans la fréquentation des œuvres. La désacralisation de l'art ne va pas de pair avec sa popularisation. Plutôt avec une « peoplisation », si je peux oser ce terme. Tu écris que l'art s'est rapproché de la vie. Certes. Que des frontières ont été effacées : je dirais qu'elles ont été déplacées. Dans notre monde fini, les limites bougent mais ne disparaissent pas. L'art du XXe et de ce début de XXIe siècles se veut proche du quotidien, non élitiste. Il s'adresse à tous et nos institutions font ce qu'il faut pour cela. Des aides sont accordées aux artistes émergents, leurs œuvres sont acquises pour des fonds publics, des dispositifs sont mis en place pour rendre l'art accessible aux publics définis comme « empêchés ».
Soit.
Il n'empêche que les expositions les plus visitées sont celles qui proposent de grandes rétrospectives, médiatisées, sur des artistes reconnus et légitimés. Combien de personnes osent spontanément passer les portes des galeries pour découvrir des artistes inconnus ? Combien

achètent des œuvres parce qu'elles leur plaisent, sans s'inquiéter de la cote de l'artiste ? Combien renoncent à quelques sorties au restaurant, réduisent le nombre de cigarettes fumées ou se passent de vacances pour mettre une photographie originale, une toile ou une sculpture chez eux, à la place du poster ? Les objets de décoration manufacturés ont plus de succès que les œuvres uniques, même bon marché. Pourtant il y en a !
Malgré toutes les aides accordées aux artistes et à tous ceux qui vivent du travail des artistes, l'art d'aujourd'hui atteint toujours aussi peu les publics non avertis. Qu'ils soient ou non empêchés. Il y a bien quelques initiatives dans les quartiers dits sensibles, mais si peu au regard de tous les enfants et les jeunes qui sortent de l'école sans être entrés dans une galerie. Une réelle scission existe entre les initiés et les non initiés, une élite persiste, qui s'arroge le pouvoir de monter aux nues certains créateurs.
Tu proposais d'aborder le « cas » Jeff Koons, qui concentrerait les défauts d'une certaine création contemporaine. J'ai hâte de te lire, même si je pense que le problème n'est pas Jeff Koons, mais les professionnels qui lui ont ouvert une autoroute vers le succès qu'on connait. Sans les critiques et les marchands, il n'y aurait pas de Jeff Koons ! Il n'aurait pas eu ses entrées dans les institutions et les collections privées.
Tu écris que « l'art est influencé par son époque et, en retour, en est le révélateur ou le miroir ». Oui. J'en suis convaincue. Comme je reste convaincue de la fracture maintenue entre un public avisé entretenu par des experts

de tous poils et le grand public qui n'a pas les clés de lecture pour décrypter les œuvres actuelles. Pas plus que les anciennes, tu as raison. Développer l'esprit critique implique de se doter auparavant de connaissances pour pouvoir analyser, comparer... L'absence de culture artistique rend influençable et ferme les portes d'accès au fond des œuvres. Tout comme l'absence de culture tout court ouvre les portes à l'obscurantisme. Peut-être cela va-t-il changer avec l'introduction de l'histoire de l'art au collège et l'introduction de modules optionnels innovants au lycée, si les enseignants ont les moyens et les connaissances suffisantes pour les mettre en place.
Ainsi donc, ce temps d'échange avec toi, qui est aussi un temps face à moi-même et à ce que je cherche à travers l'art, me ramène à cet aphorisme – qui devient un lieu commun – : « Si on ne peut pas changer le monde, on peut se changer soi-même ». L'art d'aujourd'hui est ce qu'il est avec les dérives qui sont celles de notre société, mais il en est un formidable témoin et miroir. À condition de se défaire de nombreux préjugés et présupposés.
Ce qui a donné leurs lettres de noblesse aux toiles peintes, aux sculptures de marbre ou de bronze plutôt qu'aux berceaux de bois sculptés ou aux socs de charrues ouvragés, c'est sans doute leur inutilité et le prestige des commanditaires. Comme pour les œuvres d'aujourd'hui.
Je vois maintenant le travail d'Annette Messager autrement, même si nous ne l'avons pas évoqué. L'intérêt de l'œuvre, pour le spectateur, n'est pas inclus dans le matériau, aussi noble soit-il, mais dans ce que l'œuvre nous offre

à ressentir. Bien sûr, l'émotion peut être liée au rendu de la matière, à ce que l'on imagine du travail réalisé, du corps à corps avec une pierre brute qu'il faut dégrossir, tailler, polir, de la patience pour trouver la teinte juste, de la dextérité pour poser un aplat de couleur…
Que l'on travaille avec le marbre le plus pur, avec des huiles fines, des pigments rares, des toiles de luxe ou avec des bouts de ficelle, des cartons ondulés récupérés au bord de la route, des tôles rouillées n'a aucune importance en soi. C'est ce que l'artiste va mettre de lui-même et ce qu'il va provoquer chez le spectateur qui compte. Et le talent ne dépend pas du prix de la matière première ou de la mode du moment. L'imagination, le don de soi, l'authenticité sont des valeurs sûres, intemporelles, quand bien même l'art ne serait qu'un instant, celui d'une communion. Pas un objet. Pas une valeur.

Je suis maintenant impatiente de lire ton analyse comparative des œuvres de Jeff Koons et d'Anselm Kiefer.

Bien à toi.
Catherine

Notes et Références

À propos de la page 12 :
Nathalie Heinich, *Faire voir. L'art à l'épreuve de ses médiations,* Bruxelles, éditions Les impressions nouvelles, 2009.

À propos de la page 40 :
Maurice Halbwachs, *La mémoire collective*, Paris, Albin Michel. Bibliothèque de l'Évolution de l'Humanité, édition critique établie par Gérard Namer, octobre 1997, page 63.

À propos de la page 72 :
Dominique Barbier, *La fabrique de l'homme pervers*, éditions Odile Jacob, 2013

À propos de la page 74 :
Alain Ehrenberg, *L'individu incertain*, Paris, éditions Hachette, 1999

À propos des pages 115 et 116 :
Des mesures existent pour favoriser à la fois la création artistique et l'accès à l'art et à la culture :

Les aides aux créateurs : en 2013, le Centre National des Arts Plastiques a distribué 137 000 euros au titre du « soutien pour le développement d'une recherche artistique », toute discipline confondue.
Des aides aux galeries sont également attribuées pour une première exposition ou un premier catalogue. En 2013, le montant était de 98 millions d'euros.

Par ailleurs, la commande publique – répartie entre les DRAC et le CNAP – s'élevait à l'équivalent de 3.89 millions d'euros en 1993 ; elle était de 2.55 millions en 2011 et

1.24 millions d'euros en 2014.
Entre 1981 et 2009, le CNAP a acquis 19938 œuvres.
(source : http://www.culturecommunication.gouv.fr/Politiques-ministerielles/Etudes-et-statistiques/Statistiques-culturelles/Donnees-statistiques-par-domaine_Cultural-statistics/Arts-visuels/%28language%29/fre-FR

Les aides pour l'accès à la culture et à l'art : Il existe des dispositifs associant DRAC et ARS pour favoriser des actions culturelles et artistiques dans les hôpitaux, les établissements pour personnes âgées ou handicapées.

L'enseignement de l'histoire des arts – fondé sur une approche pluridisciplinaire des œuvres d'art qui permet aux élèves de maîtriser les repères historiques et culturels indispensables pour comprendre les œuvres et enrichir leur pratique artistique – est obligatoire pour tous les élèves de l'école primaire depuis 2008, du collège et du lycée depuis 2009 et 2010.

DANS LA MÊME COLLECTION

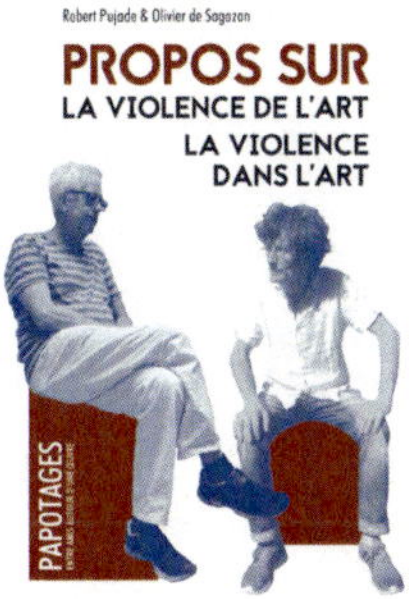

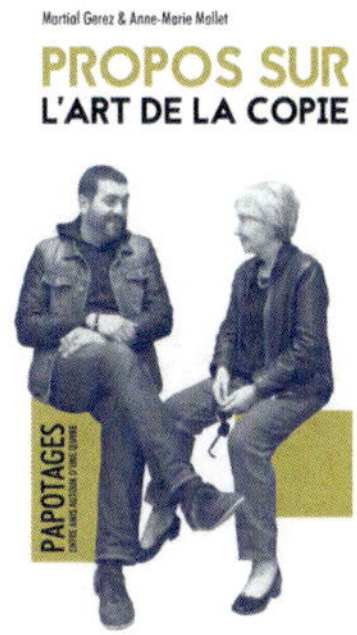

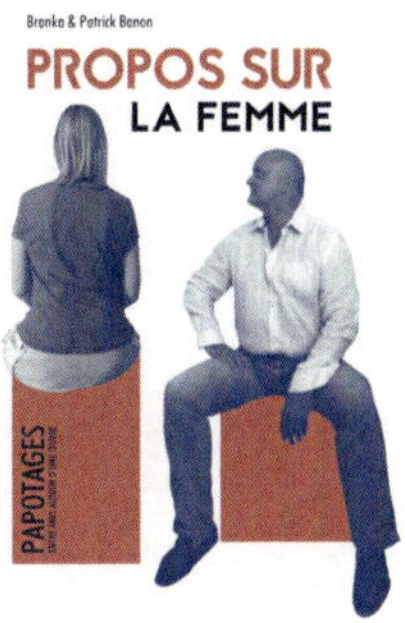

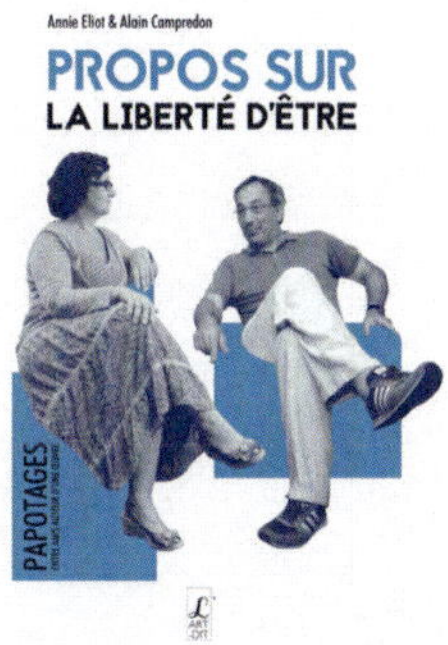

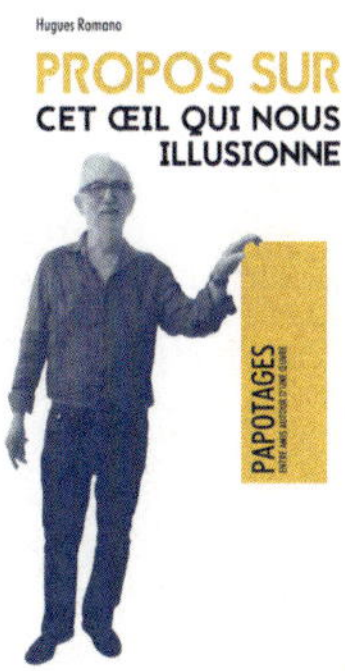

Achevé d'imprimer
sur les presses
de l'imprimerie

MONDIAL *Livre*

www.mondial-livre.com
04 66 29 70 86

Fabriqué en France

Dépôt légal, janvier 2016

https://goo.gl/Zma3am

Votre code personnel
pour obtenir votre version
numérique du livre :

AA0076